父母的语言

非暴力沟通的话术技巧

蔡 芳◎著

文匯出版社

图书在版编目 (CIP) 数据

父母的语言：非暴力沟通的话术技巧 / 蔡芳著. —
上海：文汇出版社, 2022.6
　ISBN 978-7-5496-3760-7

Ⅰ. ①父… Ⅱ. ①蔡… Ⅲ. ①儿童教育 - 家庭教育
Ⅳ. ① G782

中国版本图书馆 CIP 数据核字 (2022) 第 043561 号

父母的语言：非暴力沟通的话术技巧

著　　者	/ 蔡　芳
责任编辑	/ 戴　铮
装帧设计	/ 末末美书
出版发行	/ 文汇出版社
	上海市威海路 755 号
	（邮政编码：200041）
经　　销	/ 全国新华书店
印　　制	/ 三河市龙林印务有限公司
版　　次	/ 2022 年 6 月第 1 版
印　　次	/ 2024 年 2 月第 2 次印刷
开　　本	/ 880×1230　1/32
字　　数	/ 114 千字
印　　张	/ 6
书　　号	/ ISBN 978-7-5496-3760-7
定　　价	/ 36.00 元

序言

语言是父母的工具，你给孩子的是刀还是花

触摸，观察，聆听，嗅闻……让我们得以获取外部信息、建立对世界认识的能力似乎与生俱来，让人近乎本能地去感受一切，却因此忽略了本质问题——孩子从小到大，如何就拥有了这种能力？

儿童教育就是"于无声处听惊雷"，不需要华丽的概念，不需要繁复的体系，不需要大量的物质投入，只要在关键时期进行干预，就能起到四两拨千斤的效果，为孩子的一生打好基础。父母的语言，就具备这样的力量。

刺激孩子大脑发育最好的早教资源，不是给孩子买大量的绘本、冷冰的高科技产品，而是父母的每一个词，每一句话，每一次交谈，每一份互动。

一个呱呱落地的婴儿在3个月内，听力就会开始发育。他对语言这一概念的认知，就建立在敏锐的听力上。如果一个孩子在5岁左右还未听到过声音、接触过语言，他极有可能一生都无法理解语言真正的意义，无法以任何一种语言为母语，阅读、学习、理解的大门也将对他关闭。

这意味着什么？对成年人来说，学习效率体现在他对新事物的消化和理解能力上，学习途径多半是阅读了大量的专业信息。阅读的快慢，正是他对语言掌握能力的体现。儿童语言发展的敏感期开始于1～3岁，这也是掌握一门语言的关键时期。

　　我在众多"问题家庭"咨询的过程中，发现很多问题来自于亲子沟通。在这里，我提醒大家，家长教育孩子的前提是平等的地位——尊重孩子，就是尊重自己。

　　中国很多家庭把孩子看成自己的私有物品，随意打骂或者干涉，造成很多冲突和矛盾。卡德龙说过，"语言是最危险的武器，刀剑刺的伤口要比语言刺的伤口容易治愈"。暴力伤的是身体，语言伤的是人心。

　　每个孩子都有能力上的差异，父母要拥有一颗平常心，静待花开——也许孩子本身就不是花，是一棵树，或者是一条鱼，这有什么关系呢？这并不影响他/她是你的好儿子、好闺女。

　　我们也绝不能用学业的好坏，去判断一个孩子的未来。父母一方面要学会欣赏孩子，让孩子也学会欣赏自己，建立积极乐观的人生态度；另一方面要善于发现孩子的优势，尊重孩子的个性特点，让孩子找到属于自己的发展之路。

　　父母的语言，可以是一把刀，也可以是一朵花。因此，希望你的孩子经常收到鲜花，成长在铺满鲜花的道路上；也同样，他回馈给他人和社会的也一定会是鲜花！

　　让我们一起学会懂孩子、爱孩子，从一句话开始。

目　录

第一章　父母的语言：你不知道的力量

欢迎你，听见世界的声音　\\002

度过儿童语言敏感期　\\006

掌握正确的发音方式是基础　\\011

基因不一定能决定孩子的未来　\\015

三千万词汇的力量　\\020

创造"富有"的语言环境　\\023

第二章　提升语言质量，促进大脑发育

神经可塑性：经验对大脑发育的影响　\\029

贴近孩子的自我中心式思维　\\033

表达丰富，是高质量语言教育的表现　\\039

像孩子一样说话，没有什么不好　\\044

改变描述方式，提升语言质量　\\049

有效地拓展语言：从已知延伸向未知　\\053

| 第三章 | 有原则地沟通，建立语用能力 |

语言的"工具性"：运用是最强的驱动力 \\ 060

调动共情力的聚焦和思考 \\ 064

强调对话中的话轮转换规则 \\ 069

让孩子学会维持对话 \\ 073

肯定语言与禁忌语言的运用 \\ 078

避免语言暴力，创造信念差距 \\ 083

| 第四章 | 闲谈中的语言技巧 |

目的性语言与闲谈 \\ 089

接下来，是闲言碎语时间 \\ 093

聊天时少用代词，孩子理解得更快 \\ 097

日常闲谈，不要替孩子创设答案 \\ 101

开放式提问，提升互动的主动性 \\ 105

| 第五章 | 用动词和形容词修饰孩子的语言世界 |

孩子最早学会的那些词语 \\ 110

动词越准确，语言质量越高 \\ 113

做"手舞足蹈"的夸张父母 \\ 117

拓展形容词，让孩子加深对生活的体悟 \\ 121

诱导孩子自发创造 \\ 126

适当使用修辞语言，能提升孩子的想象力与美感 \\ 130

第六章 用日常活动来强化语言场景

不一样的儿童认知图式 \\ 136

挑战新环境，刺激认知结构循环 \\ 140

专注场景下，聚焦主题的沟通 \\ 145

角色扮演能增强亲子交流的效果 \\ 150

观察不平凡的一天 \\ 155

第七章 态度决定语言，语言影响成长

"场独立性"与"场依存性" \\ 162

认知方式决定语言模式 \\ 166

语言对于控制情绪的作用 \\ 170

语言的社会化训练 \\ 174

语言的力量能影响思维和人生观 \\ 179

第一章

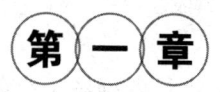

父母的语言：你不知道的力量

一切学问没有速成的，尤其是语言。

——傅 雷

▶ 欢迎你，听见世界的声音

初为父母的家长朋友，欢迎登上这所名为"教育与学习"的豪华游轮，旅行周期为"一生"，游轮起航点则是宝宝呱呱坠地之处。

你的宝宝安然诞生时，迎接他的除了亲人和医护人员期待的笑脸外，还有随之而来的一系列健康检查。在宝宝出生的72小时以内，他需要进行第一次新生儿听力筛查——这是父母语言教育的第一步：预防孩子的听力障碍。

Part. 1 听力筛查到底有多重要

作为一个新手妈妈，于梦记得宝宝的听力筛查可谓是波折不断。

"孩子刚出生没多久……"于梦用手比画着婴儿小小的身体，"护士就把宝宝抱去进行体检了。这个筛查得等孩子睡着后才能进行，如果不安静的话，检查结果可能会有误差。"

耳声发射检查，是新生儿听力筛查中最常见的手段。如果孩子的听力初筛未通过，就会在42日内再进行一次，同时检查自动听性脑干反应。

于梦当时一点儿都不紧张。对于听力这项常规筛查,绝大多数宝宝可以正常通过,她更关心宝宝其他项目的检查。

万万没有想到,偏偏是宝宝的听力初筛没有通过。

"没关系,这也是正常现象。"医生非常耐心地安慰于梦,"孩子刚出生没多久,耳道里可能残留羊水或者胎脂。等孩子长大一点儿,残留物自然会排出,做一次复查再看看结果。"

于梦并没有被医生安慰到放下心来。"我是一个妈妈,孩子哪怕有一万分之一的可能性存在听力问题,我都不可能放心的。"于梦如此苦恼地说。

那些天,于梦破天荒地开始关注起"儿童听力",这是一个被大多数家长忽略的问题。

"不看不知道,原来听力受损对孩子的影响这么大。"于梦将自己查到的结果念给家人听,大家这才意识到这一缺陷会产生严重的后果。

听障儿童的成长历程是辛酸的,不仅需要儿童自身的努力,家庭也会付出超出正常家庭的巨大代价。仅在相对公平的教育方面,这种代价就体现得淋漓尽致。

根据美国相关机构的调查,约有5%的儿童有不同程度的听力受损。其中,超过三分之一的轻度感音性神经听力受损的儿童，上学后都有留级经历，单侧耳朵有听力障碍的儿童也面临同样高的留级率。如果更严重一些，如全聋、重度听障等，超过三分之二的儿童会面临中途辍学的风险。

"一个听力受损的孩子，读书得多么辛苦啊！"于梦忍不住感慨起来，"孩子背后的家庭要承受更多的负担，这样一想，我的心都揪起来了。"

仅仅在教育上，一个重度听障儿童的家庭支出就达到普通家庭的 2～3 倍，这还是在儿童能幸运地接受教育的前提下。还有一些听障儿童，渐渐地在受教育这条路上掉队了。

好在于梦的宝宝是幸运的，在第二次听力复查中，他的指标完全正常。

"我很高兴。"于梦笑了，随即又有些严肃地说，"但对我，或者对每个家庭来说，这只是孩子听力保卫战的第一步。"

Part. 2　保障学龄期儿童的听力健康

国内的新生儿听力筛查已经达到 95% 以上的覆盖率，绝大多数新生儿能得到良好的照顾。筛查后，正常的听力指标是儿童健康成长的第一步。

婴幼儿对于声音的敏锐程度远远超过成年人，敏锐的听觉能帮助他更快速地认识世界，对学习语言更是起到至关重要的影响。工欲善其事，必先利其器——进行语言教育的第一步，就是确保儿童的听力健康。

有不少家长做不到像于梦一样，意识到新生儿听力筛查仅仅是这场听觉健康保卫战的第一步。在这里我提醒大家，我们必须做好长期关注儿童听力的心理准备。

在儿童的成长期，仍然有很大概率由于各种因素出现听力受损的情况。于梦认真调研过，美国《儿童听力筛查指南》中指出，儿童听障的发病率能够达到14.9%之高，这一数据远远超过新生儿时期0.1%的听障发病率。其中，大多数是暂时性的听力受损，但永久性听力受损的发病率也达到近1%，超过新生儿的3倍之多。

"我们该怎样保护自己的孩子健康成长呢？"于梦的疑问，一直在我的耳边回响。

仔细想来，我们无法预知未来可能的风险，唯一能做的，就是长期、持久地关注孩子的听力健康——每年定期为孩子安排体检，不忽视任何一个看起来算是"常规"的指标，保证孩子的身体健康发育，才是幸福生活的基础。

只有孩子的听力健康得到父母的呵护，他才能顺利地走入语言的世界，父母的语言教育才能发挥最大化的作用。

Part.3 婴幼儿听力自查方法

除了借助必要的仪器进行专业诊断外，像于梦一样关心宝宝听力发育的家长，也可用合理手段对孩子的听力进行自查。

父母的语言

首先,关注孩子的耳部发育。观察孩子是否有耳廓发育畸形、是否有异常分泌物、有无皮肤发红或耳道异味、是否有耳道内疼痛等情况,一旦出现异常,及时寻求医生的帮助与治疗。

其次,孩子成长到6个月以后,可以进行更准确的听力测试。家长可以手持发声玩具站在屋内不同的方位,观察玩具发声后,宝宝有没有准确地看向发声源的方位。必要的时候,可以选择一些发光玩具去吸引孩子的注意力,保证测试的准确性。因为6个月以下的宝宝,反应比较随机,经常被其他事物吸引注意力,这种测试方式可能不够准确。

最后,当孩子2岁以后,可以通过教学游戏的方式进行听力测试。如给孩子一些简单的指令,让他在听到相应声音时做出对应动作。这不仅可以测试孩子的听力,也能测试他的语言处理能力。

家长要知道,婴幼儿拥有非常惊人的长时间听觉记忆。保证了宝宝的听力健康,这样才能构建他的成长基石。

▶ 度过儿童语言敏感期

"噫噫噫,呀。"躺在婴儿床里的妞妞伸出小手指着眼前一个摇摇晃晃的玩偶，不时张开小嘴笑着，发出意味不明的声音。

"恐龙，这是小恐龙——"妈妈袁芳继续挥舞着玩偶，说话时拖长音调，试图让宝宝明白这个可爱的小动物有自己独特的称呼。

"妞妞还小呢，连妈妈都不会叫，你看你着急的。"旁边正在打扫卫生的姥爷直起身，笑着打趣女儿，"你先教妞妞学学怎么喊爸爸、妈妈，其他的以后再慢慢教。"

袁芳把小恐龙递给女儿，让她自己抱着玩，认真地反驳道："爸，别看孩子小，其实她什么都知道，只是不会念。现在多教教她，以后开嗓了，很快就能说得顺溜了。"

"开嗓"，是袁芳家里常常出现的一个词汇。他们把宝宝第一次说话时的清晰吐字叫作"开嗓"，并对这个日子充满了期待。现在，妞妞已经 8 个月了，距离袁芳认知中的"开嗓"日子越来越近。

其实，父母普遍认知中的"开嗓"，就是儿童进入语言敏感期不同阶段的重要表现。对儿童语言敏感期有科学的认识，可以让家长提前建立认知体系，早早地把控好孩子的语言发育期，避免错过学习时机。

Part. 1 什么是语言敏感期

语言敏感期，到底指的是什么意思？

关于这个问题，如果你去问新手妈妈袁芳，她会说："是孩子会说话以后，牙牙学语、快速掌握日常对话技巧的时期。"

如果你去问幼儿园大班小朋友的爸爸李先生，他会说："是孩子表达能力快速发展、表达逻辑性构建的时期。"

……

其实，他们所说的，都是指儿童语言敏感期某一阶段的具体表现。

语言敏感期是一个科学而具体的概念，需要全面地去分析。它由意大利幼儿教育学家蒙台梭利提出，并认为儿童的敏感期可以从九个角度去划分。

处于敏感期的儿童，会对相应的领域表现出超常的兴趣，而兴趣和好奇心是儿童快速成长的动力。如果家长能够适时地引导和辅助孩子，让其兴趣得以自由发展，这一领域的能力会得到快速增强，孩子也能顺利步入下一个成长阶段。

例如，0～6岁是孩子的感官敏感期，他对周围事物的认知保持着远超成年人的敏锐度，所以能以惊人的速度吸纳发生在身边的一切声音和色彩，快速建立一套常识体系；对社会规范的敏感期在2岁半到6岁之间，孩子开始意识到人的社会性，懂得"集体"和"秩序"，通过在幼儿园的集体生活建立对规范的认知。

孩子的语言敏感期也处于0～6岁之间。在这一时期，婴儿牙牙学语、模仿父母，逐渐学会表达自己的想法，有逻辑地描述事物。孩子对语言能力的掌握，对语言概念的体悟，都需要在这一时期打好基础。

如果家长能抓住语言敏感期多跟孩子交流，对其进行正确的引导，孩子就会更早、更准确地表达更复杂的语言。

Part. 2 对语言敏感期进行细分

在妞妞还未学会说话的这段时期，袁芳夫妻俩也不是没有动摇过自己的理念——对这么小的孩子谈语言教育，到底有没有用？孩子能理解父母的语言吗？

既要养育孩子，还要兼顾工作，已经让这对小夫妻感到很疲惫。有时候，袁芳也忍不住抱怨："你说咱俩天天对孩子念叨这些，她到底听不听得懂啊？"

可是，每次看到妞妞听到父母声音时的笑脸，那追逐着爸爸、妈妈动作的发亮眼神，还有小嘴巴不断嘀嘀咕咕地回应，都让袁芳觉得妞妞是懂得这些的。

一天，妞妞盯着妈妈的嘴巴，努力地噘起小嘴试图模仿妈妈的口型要说话的样子。尽管最后以喷口水而告终，但这给了袁芳最大的安慰——她知道孩子已经有了意识并开始学说话。

尽管大多数孩子在 8 个月以内不会说话，只会发出一些无意义的呀呀声音来表达自己的情绪。但仔细观察，你会发现孩子有试图说话的倾向，并逐渐体会发声方法。这是语言敏感期的第一阶段。

在这一时期，父母应该多跟孩子交流，让他意识到声音的存在，并对发声感兴趣。当孩子无意识地发出咿咿呀呀的声音时，其实也是对发声的训练，父母要给予足够的肯定，让孩子乐于发声。

8～12个月的宝宝则进入第二阶段——模仿发音期。他开始意识到说话需要一定的技巧，懂得模仿父母的口型，尝试发出类似的声音。这一阶段，父母要尽可能放慢自己的说话速度、口型更夸张一些，让孩子可以看得更清楚，能更快地掌握准确的发音方法。

1～2岁是第三阶段，也是大多数孩子学会说话的时期。当孩子学会喊出简单的称呼，如"爸爸""妈妈"等，意味着他的发音学习取得了良好成果。之后，孩子能模仿的词汇就会快速增加，但他对词汇意义的理解并不深刻，所以需要父母多强调、多重复，结合实时场景、动作、事物，让孩子把读音跟所说的对象联系起来，建立起对物联系的意识。

当孩子懂得语言有具体对象，是为了描述某些行为或表达某种目的并建立起基本的语法认识时，他对语言的学习和掌握会进入第四阶段——语言爆发期，也就是3～4岁。

在这一时期，孩子将学会使用完整的句子、丰富的短语和词汇来交流，交流对象也不断扩大。此时，父母要多与孩子交流,给他创造语言练习的机会,孩子就可以自行发挥。

第五阶段是语言逻辑期。在孩子4~6岁时,他对文化、阅读、秩序、社会规范等也进入了爆发性的认识阶段,初步形成对外面世界的认识并产生自己的思考。其语言也将进入更有逻辑的阶段,能用正确的语法描述一系列相对完整的行为,在语言中也会加入自己的思考。

在这一时期,父母应着重结合孩子的逻辑思维能力,引导他乐于自我表达。如果采用问答的方式进行交流,可以更好地培养孩子独立思考的习惯。

在细分阶段调整并引导重点,能更有针对性地让孩子度过语言敏感期。接下来,父母可以将关注力放在孩子学习语言的基础——正确发音上。

▶ 掌握正确的发音方式是基础

不是每个孩子都能自然而然地学会正确的发音方式。

表弟是我们这一代人中年龄最小的孩子,他的童年几乎是在哥哥、姐姐的关注下度过的。因此,对于表弟儿时的一些趣闻逸事,我们都印象极深。

父母的语言

常被大家提起的,就是表弟的"大舌头"。表弟从小沉默内向,不爱说话,直到四五岁时还发音含混。每次我母亲回家,他总是追在后面喊"猪猪(姑姑),小猪猪",这一"黑历史"成为逢年过节大家聚会时戏谑他的保留节目。

如果说表弟是因为说话不熟练,才无法掌握部分音节的正确发声方法,如他将口型圆润的"姑姑"喊成舌尖抵住上颚发音的"猪猪",那更多的孩子,则是从父母那里学到了不正确的发音读法。

一些家长,尤其是年纪较大的长辈,语言表达不够规范,或是普通话不标准,或是将方言与普通话穿插表达,或是发音含混不清晰,或是遣词造句有问题。这些错误的表达方式,都会被学习能力很强的孩子复制,进而可能影响孩子对语言的认知。

Part. 1 纠正孩子的口型与发声

罗晨的女儿今年 2 岁了,他和妻子都在电子商务公司上班,繁忙的工作让他们只能选择雇用保姆或有时麻烦父母来照顾孩子。这虽然减轻了夫妻俩的压力,但也带来了一个难以忽视的问题——孩子的发音有了偏差。

"是'吃饭',不是'次饭'。"罗晨第三次纠正女儿的发音。

小女孩眨着眼睛,非常认真地伸出小舌头抵着牙齿,再次说道:"次——饭——"

保姆是从老家请来的,和罗晨父母的口音非常像。在这样的语言环境下,女儿通过观察大人的口型、体会发音,嘴巴里经常蹦出一些方言。

儿童的发音练习最初以模仿为主。在孩子讲话不清晰、面临某些音节表达困难或学到错误的发声方法时,家长可以通过同步教学纠正孩子的口型,让孩子模仿到正确的发音方式。

罗晨就是这样做的。他招呼女儿过来看着他的嘴巴,说:"来,看爸爸是怎么说的。"

罗晨夸张地咧开嘴,慢慢发出"吃"的声音——在牙齿闭紧前,先让女儿看到舌头在口腔中的位置,再做出标准口型。这样不厌其烦地展示了好几遍,女儿大概明白了爸爸的意思,也跟着学起来。她好像觉得这是个有趣的游戏,咯咯笑了半天,很快学会了正确发音。

纠正了孩子的口音之后,还要强调正确发音的反复练习,不能再用错误发音进行误导。

Part. 2　发音不清晰,或须训练口舌的运动功能

自从纠正过女儿的口音问题后,罗晨对孩子的语言学习更上心了。随着女儿逐渐长大,他发现女儿还有个许多儿童普遍存在的问题——说话含混不清。

儿童在年龄较小时,因为上下颌、口舌部分的运动功能发

育不成熟，有时会出现"大舌头"的情况，造成说话含混。但这种现象伴随着孩子的年龄增长则逐渐消失，当下就可以通过加强控制口舌动作来改善。

罗晨的解决方法是，一有时间，就让家人跟女儿玩"做鬼脸"的游戏。

"爸爸摆什么表情，你就跟着学，看你能不能赶上我的速度。"罗晨一喊开始，他就跟女儿"挤眉弄眼"起来。

罗晨一会儿把舌头伸得长长的，一会儿让舌头在嘴巴里卷起，一会儿用舌尖触碰嘴角或上下唇，配上夸张的面部表情，让女儿学得兴致勃勃。这些动作，就变相锻炼了孩子对舌头的控制力和相关肌肉的运动。

与此同时，罗晨还用微笑、咧嘴大笑、噘嘴、张大嘴、紧闭嘴等动作，分别带女儿练习对唇部和下颌肌肉的控制。这样坚持一段时间以后，女儿对舌头有了更灵活的掌控力，说话含混的情况果然减轻了很多。

Part. 3　气息绵长，帮助孩子正确发声

跟罗晨女儿不同的情形是，还有的小朋友发声无力、含糊，主要是因为气息不够，所以说话声听起来有气无力。这时，应该帮助孩子体会气息在发声过程中的流动。

首先，安排适当的运动，提高孩子的肺活量。这不仅有助于提升孩子的心肺功能，预防相关的儿科疾病，还能让孩子讲

话的气息更绵长有力、说话更清楚。

其次，教孩子感受说话时胸腔和喉部产生的颤动与共鸣，让孩子更深层次地体会到"如何说话"。我们说话时，发出声音主要靠的是呼气过程——每当发声，胸部就会收缩送气，因此说话时会有起伏的感觉。我们要让孩子逐步体会这个过程，懂得发声的正确方式。

通过科学的纠正和适当训练，孩子能够准确发音，我们就可以正式进入父母的语言教学阶段，让孩子感受到语言带来的神秘力量。

▶ 基因不一定能决定孩子的未来

中国有一句谚语："龙生龙，凤生凤，老鼠的儿子会打洞。"在近代的西方某些国家，有些人也曾将"基因决定一个人的未来"挂在嘴边。

然而，总有一些对科学抱有无止境好奇心的人，试图弄清楚这些"常识"是真相还是谬论。

在20世纪60年代，美国的两位儿童心理学家贝蒂·哈特与托德·里斯利试图挑战"基因论"。

当时，美国社会上有大量贫困人口的生计亟待解决，贫困家庭的孩子面临入学难、成绩差的普遍现象。两位心理学家试图通过给贫困家庭的儿童提供良好的教育，来达到预防和消除贫困的目的，也想向世人证明并不是基因决定了人的未来，只有教育才能扭转一个人的处境。

他们实施了一个针对学龄前儿童的教育项目，教授那些未入学的孩子学习大量的词汇。

最开始，教育的成果非常显著，孩子们掌握了比同龄人更多的词汇。这极大地鼓舞了两位心理学家，他们认为这种训练能让贫困家庭的孩子表现出优秀的学习能力。

但等到所有孩子入学之后，令人意外的现象出现了——这些孩子学习了大量的词汇后，所表现出的那种强于同龄人的学习和阅读能力却逐渐消退，最终平平无奇。

这一实验项目的失败，在当时引起了很大的争议与讨论。许多人觉得这验证了"基因论"，即贫困家庭孩子的学习能力差，是可以预见的。

但研究者并不这样觉得，他们并没有放弃。在后来的日子里，大量研究者针对"早期语言学习到底受什么因素影响"这个论题展开研究和讨论。最终，贝蒂·哈特与托德·里斯利经过多年的跟踪调查和数据分析，发现了一个备受瞩目且令人意外的真相——决定儿童语言学习能力的不是基因所决定，而是父母语言的影响。

/第一章/ 父母的语言：你不知道的力量

Part. 1 贫富差异只是表象，语言环境才是真相

研究调查中，一组数据显示的结果非常有趣。

进入幼儿园之前，不同的孩子接触的词汇数量差异惊人，能达到三千万，知名的"三千万词汇鸿沟"概念就诞生于此。

即便当下，每个家庭成员与孩子的相处方式也不同。有的父母热衷与孩子交流，有的则沉默寡言，无论是主观性格还是客观条件造成的差异，都会影响这个家庭的语言环境。

两位心理学家的调查显示，处于不同社会经济阶层的家庭，在这方面的教育具有明显差异。高收入、从事脑力劳动的家庭，跟孩子的交流更频繁，无论是从双方交流的词汇量，还是父母与孩子的互动、对孩子需求的回应，这些高收入家庭都表现得更好。

对此，我们也很容易理解。一些从事体力劳动、收入较低的家庭，父母忙于工作来维系生活，很难有多余的精力与孩子交流。尤其是在那个对教育认知相对蒙昧的时期，这种差异就变得更加明显。

表面上看，是高收入家庭更愿意在孩子的教育上付出更多，所以，孩子才表现出更强的学习能力。但实际上，这一调查恰恰证明了家庭贫富带来的影响不是最根本的，影响孩子学习能力的，是他幼年所处的语言环境所决定。

即便普通家庭的父母，只要能塑造积极的、与孩子有效交

流的环境,跟孩子保持良好的互动,一样能进行最佳的学习启蒙。大量研究证实,孩子在成长早期接触的语言越丰富,其未来的语言表达能力就越好。这一点,跟家庭的贫富差异没有直接关系。

Part.2　教育的共性与父母的引导

上述调查结果也告诉我们,教育是具有共性的。正是这种共性,塑造了孩子将来怎样融入社会的可能性。

父母对于共性的理解和引导,能影响孩子与人交流的能力。举个简单的例子,当我们教孩子学说话时,都会注意引导他正确使用礼貌用语,如"谢谢""对不起""不客气""你好"……这些发音对孩子来说并没有特定的意义,是父母不断地引导和规范,让他明白礼貌用语背后的社会意义。

当所有的孩子都经历过这样的教育,就能与同龄人顺畅交流,进而融入一个互相理解、文化相通的社会。这就是教育的共性。

简言之,所有父母都在将自己认为对的和正确的语言表达教给孩子,让这种交流能延续下去,从家庭单位扩展到社会群体。

教育的共性,证实了父母引导的重要性。

如果父母不能正确引导孩子,将社会所默认"正确的"语言表达方式传授给孩子,孩子在将来与人交流时就可能出现问题。注重这种社会性的训练至关重要，也意味着父母的语言不仅能开发孩子的学习能力，还会奠定孩子将来拓展社交能力的基础。

Part. 3　语言的量与质

从我个人调查过的一些家庭来看，一些气氛活泼、家长乐于与孩子频繁互动的家庭，孩子学说话往往会更快一些。但这也不是绝对的，大量的词汇输入当然能顺利开启孩子的语言学习之路，但想通过高质量的语言教育让孩子迅速成长，我们不仅要关注词汇的"量"，更要关注语言的"质"。

如果交流的内容单一而枯燥，重复的不过是寥寥几句"要吃饭了""这朵花好漂亮"，或者是一些指示性的简单辞令，如"不要乱动""别说话""早点儿睡觉"，这种交流就谈不上有什么效果。

所以，要营造真正能够引导孩子健康成长的语言环境，一定要双管齐下保质保量。至于如何去实施，就是下面我们要讲的重点。

父母的语言

▶ 三千万词汇的力量

很多人不理解,为什么我们会把父母语言的力量和学习能力联系在一起?

这种概念在西方国家得到了普遍的认可,人们基本上认同,一个人所接触的词汇量多寡与学习能力有着密切联系。

这一概念虽然不能完全套用在学习中国传统文化的环境中,但仍然可以让我们理解大脑对语言的处理速度将影响学习能力。因为学习本身就是在处理语言,我们不能逃脱这个过程。

Part. 1 如何理解大脑对语言的处理速度

当你要接触一门新的学科,或阅读一本有难度的书籍时,会更深刻地体会到这一点——一门新的学科,意味着有大量未知的词汇需要去理解。在我们尚未理解这些词汇的时候,阅读速度非常慢;一旦你掌握了这些词汇,大脑对书籍信息的接收和处理速度就会提升,再阅读书本中繁杂的专业内容会迅速很多;等到你能灵活运用这本书的词汇,可能只需几个小时就能把它阅读完毕。

这时，你会发现，影响学习效率的并不是阅读速度，而是大脑对所接触的文字的处理能力。

举这个例子，是为了让我们感受到大脑对信息的处理过程。日常生活中，你所做的每一次阅读、与别人的每一次交流，大脑都在飞速处理你获得的信息。即使信息处理速度只有微小的差异，累加起来也非常明显，最终的表现就是：有的人反应更快，处理突发事件更灵活，理解和接受新概念更迅速，处理问题更高效。

大脑对语言的处理速度就像一种习惯，这是在幼儿期就建立起来的。

Part. 2　幼儿期语言处理习惯的建立

第一次意识到建立幼儿期语言处理习惯的重要性，是我在幼儿园与一群小朋友交谈时。

那是一群3岁左右的小班孩子，正在老师的带领下来到室外玩游戏。一个叫小胖的孩子，在滑梯旁边跟新来的程程发生了争执，旁边有几个孩子在围观。我当时正在与园长交谈，见此状况马上走过去询问："发生什么事了呀？你们不是在滑滑梯吗？有什么问题告诉我和老师，好不好？"

小胖在旁边有些紧张，搓着小手说："我们没打架，没打架，是程程先欺负我的，我没有欺负他……"程程抿嘴看着我，把手背在身后低下头，不说话。

我知道程程听到了我的问话,但他并没有任何举止表现。

站在旁边的飞飞抢先描述了事情的过程:"阿姨,老师刚才让我们排队滑滑梯,轮到小胖滑了,但是程程跑到前面插队,小胖就不高兴了。"

后来,我从老师那里了解到,程程年纪小刚入园,这是第一次集体滑滑梯,太兴奋了才没有遵守规则。

当时,程程没有听懂"滑梯"这个词,所以他不知道我在问什么,也不清楚怎样描述自己的情况,就选择了回避;而小胖听懂了我的问话,但没有组织好语言,所以表达并不清晰;只有飞飞年纪大一些,平时也很爱说话,能把事情说清楚。

衡量孩子的词汇量积累了多少,等到有事情发生时,要看孩子之间的表达是否有明显的差距。如果程程长期处于这种"听不懂"的状态,对他来说,就会经常出现遇事反应滞后的问题——别的孩子都已经开始关心其他事情了,程程可能还在疑惑某个不明白的词。长此以往,他会出现一种弱性的语言处理过程,大脑的反应会习惯这种滞后性而带来不良后果。

父母和教师要意识到每个孩子接收信息有不同反应这一点,多给孩子反应的时间,同时加强词汇的灌输学习,多跟孩子交流,扩展他的认知。时间久了,他就能建立正反馈机制。

Part.3　0~3岁也要营造良好的语言环境

词汇的力量,并不是在孩子学会跟父母交流的年龄才体现出来的，语言环境在更早期就能对其产生影响。

孩子对语言的认知，早在0～3岁就建立起来了。在这一时期，孩子有没有得到足够的营养供给，有没有从父母的语言中感受到呵护，有没有得到有安全感的交流，有没有得到父母的及时回应等，都会影响其大脑的发育和心理状态。

从这一点看，词汇的滋养是一种真正的力量，能给孩子打好语言启蒙的基础，让他更顺畅地学习和阅读、理解和交流，甚至影响大脑发育，最终帮助他获得强大的学习能力。

▶ 创造"富有"的语言环境

心理学家的实验，揭示了语言环境对儿童成长的重要性，也暴露了另一个社会问题——家庭的经济条件会在一定程度上影响语言环境，进而造成教育的贫富差距。

问题就出现了，我们是否能改变这一现状，让普通家庭也能创造出富有的语言环境呢？

我不禁想到了自己的童年时代。

我的家庭绝对称不上富有，母亲早年下岗，靠打几份零工维持家用，还要负担一个孩子的教育和生活。这是一个典型的普通劳动者家庭，每天繁重的体力劳动让母亲总是很疲惫，她甚至没有多余的时间监督我的功课。

但我与母亲之间并不缺少交流。母亲是个积极的乐天派，性格外向，晚饭后会拉着我出门走一会儿；我写完作业休息时，我们就某个话题也会聊得热火朝天。她从不问我学业上的困难，用她的话说就是"我看到书本就头疼，全靠你自己了"，也从不将她在生活中所承受的压力和困境倾诉给我。

有时候，我和母亲会在家里打打闹闹，互不相让。在最穷困的时候，我们租过十几平方米的城中村，但从没有觉得不够幸福。平时最大的乐趣，就是我们一起吐槽母亲的同事或老板发生的一些糗事，聊一聊我在学校中的趣事。

尽管经济上当时是困苦的，但我并不认为自己儿时所接受的语言教育是落后的。我比同龄人更早地学会说话、独立阅读、灵活表达，这都离不开来自长辈充分的语言交流引导与始终正面的情绪输出。

生活可以贫困，但不代表语言教育的环境也是贫困的。

Part. 1　给予孩子足够的回应

当孩子表现出交流需求时，不同的家庭给予孩子的回应次数相差五倍。与其说高收入的家庭有教育优势，不如说是语言环境"富有"的家庭给孩子带来了正确引导。

当还不会说话的宝宝向着父母伸出双手，发出嗯嗯的声音示意，或者安静地用一双大眼睛追逐着父母的身影，这就是他在释放出交流的信号；当已经牙牙学语或说话流利的宝宝喊着"爸爸、妈妈"，有一肚子话要主动讲给你听时，这就是他有了交流的需求。

父母应该及时给予孩子足够的回应，或是抱起宝宝安抚，轻声地跟他交流；或是回应他的呼唤，听他说一说自己当下的想法或要求。这种回应能帮助宝宝建立安全感，同时形成了正反馈机制：释放交流信号—得到回应—接收到鼓励—更积极地释放交流信号……

"富有"的语言环境由此建立。

Part. 2 传达正面情绪，减少压力激素分泌

父母不要把在外面（包括工作和朋友之间）产生的坏情绪带回家里，这种概念在教育话题里已是老生常谈，但很少有人关注到婴幼儿时期的宝宝是否也需要这种关怀。

答案是：需要。

更甚之，父母不仅要学会克制暴躁与怒火、争吵与摩擦，也要尽可能减少在宝宝面前流露出冷漠、沉默等情绪。这些负面情绪的传达，甚至可能永久性、物理性地损害宝宝的大脑发育。

哈佛大学心理学教授进行过一个"静面实验"，说明宝宝对父母的情绪有多么敏感。

当妈妈在宝宝面前保持面无表情的状态，对宝宝的表情、动作和互动需求毫无回应时，不到半分钟，宝宝就会从平静到忐忑不安，最终崩溃哭泣，难以遏制。而当妈妈的表情恢复正常，跟宝宝继续互动后，宝宝立刻就高兴起来。

婴幼儿对父母的依赖，远超我们成年人的想象。或许是基因所决定，幼儿天生知道自己的生存要依赖父母，因此对父母的情绪和反应极其敏感。

当父母对孩子冷淡甚至是厌恶，即便不会说话的婴儿也能迅速理解，并因此导致他的压力过大、皮质醇分泌过量。相关的激素刺激幼儿尚未发育完全的大脑，会损害大脑结构，进而影响他语言、行为、社交或情感等方面的能力——更严重的是，在发育期遭受的某些创伤，在孩子成长过程中很长一段时间内不能恢复，甚至长大后才能慢慢恢复一部分。

所以，越是年纪幼小的孩子，父母越要传达正面情绪，不要因为"孩子还小，什么都不懂"的误解，造成对他的永久伤害。

Part. 3 给孩子输出"好吸收"的词汇

如果说社会经济收入不是影响孩子语言教育的因素，那么，父母的知识水平是不是呢？

部分家长有这样的疑虑，因此说："我的文化水平不高，再怎么跟孩子交流，也说不出人家知识分子那样文绉绉的话，孩子肯定输在起跑线上了。"

而我想问的是:"您觉得一个几岁的孩子,能达到多高的知识水平?"

道理,其实就是这样简单。

创造早期的语言环境,并不需要家长有多高的知识水平、多广的专业储备,因为决定语言环境上限的,是幼儿的理解能力。

这也是很多家长忽视的一点——只记得给孩子灌输大量的知识,进行足够的语言训练,却不管孩子能否理解和吸收。

想象一下,将一个外语初学者丢在异国他乡,难道他能迅速理解周围人所说的复杂辞藻吗?反而是最简单的词汇交流,他能获取的信息最多。

了解孩子知识面的边界,知道怎么跟孩子沟通,让他能听懂并理解,才会实现有效沟通。这就像往杯子里注水,一下子倒得太猛,水会溢出来,杯子反而不满;用适当的水流注水,则能将水杯灌满。所以,最好的语言环境,就是给孩子输出他恰好能吸收的词汇。

创造"富有"的语言环境并不难,也不需要有多深的知识、多空闲的时间,掌握合适的方法就好。

第二章

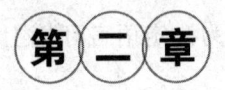

提升语言质量,促进大脑发育

用语言表达思想是人类唯一优越于其他动物的地方。语言是社交的工具。

——本·琼森

▶ 神经可塑性：经验对大脑发育的影响

父母的语言，对孩子而言蕴藏着无穷的力量，而这种力量不是凭借输出词汇的"量"来发挥效用，更重要的是"质"。因此，我坚信一个道理："每天 30 分钟的高质量陪伴，胜过朝夕相处。"这话也适用于父母的语言教育。

高质量的语言教育有多么重要呢？当你了解到"神经可塑性"的概念时，就知道父母的语言到底会起到怎样深远的影响——它不仅能影响一个人的童年，甚至通过影响大脑的发育作用于人的一生。

这也是原生家庭对一个孩子成长的重要性。

Part. 1 神经可塑性，让天赋也可后天培养

"4 岁，7 个月，348 个小时。"

这一组数据，是宝妈薛霓对女儿练习钢琴的时间记录。孩子刚满 3 岁没多久，她就力排众议将孩子送去学钢琴。

"宝宝的小手张开了，也只有这么大。"薛霓绘声绘色地模仿着家人反对的语气，"孩子连钢琴键都摸不明白呢，也不

指望她当钢琴家,为什么这么想不开,孩子这么小就送她去吃苦?"

长辈不喜欢当下年轻父母那种焦虑型的教育思维,认为薛霓这是在过早地将孩子逼上竞争的赛道,为此没少心疼宝宝。但丈夫却很支持薛霓的做法。

"我们俩并不是为了让孩子赢在所谓的起跑线上。"薛霓的表情很平静,"学习钢琴,只是为了帮助孩子锻炼手指和大脑的灵活度。"

让薛霓意识到这一点的契机,是一次高中同学的聚会。

薛霓的同桌因为音乐特长被保送到艺术类大学,现在是一名高中音乐教师。席间,同桌无意中提起了年龄对于学习音乐的重要性,薛霓这才知道,专业人士不仅具备音乐技能上的素养,连大脑皮层处理音调的区域都与常人不同,发育更宽、更成熟。学习音乐越早的孩子,这种差异就越明显。

薛霓明白这个道理。比如,一个从小学舞蹈的孩子,他比一般孩子有更多机会去锻炼自己的肢体。而控制肢体运动的大脑皮层的相应位置,就得到了日复一日的刺激和巩固,发育得比常人更好。因此,学舞蹈的人,往往有更优秀的平衡能力。

"钢琴是乐器之王,学音乐的孩子都应该接触这一科目。"薛霓想得很简单,"我就是希望孩子可以借弹钢琴来更大化地开发肢体协调与大脑发育的能力,利用好时机,没准咱也能培养出孩子的'天赋'来。"

后天真的能培养孩子的"天赋"吗？这似乎跟我们通常的认知相矛盾，天赋不是与生俱来的吗？

很多研究已经证明，大脑的发育是动态的，会不断根据外界刺激做出反馈，以适应环境变化。因此，神经组织在发育走向成熟的过程中，结构一直在改变。

过去，人们认为大脑的发育是基因在起主要作用；但现在，人们逐渐意识到，在孩子成长过程中经验积累的重要性。

宝宝从出生开始接收的环境信号，都可以转化为他独有的经验。而幼儿的大脑，无时无刻不在进行神经突触的生长和修剪、神经纤维髓鞘化的过程。这些精细结构的发育，一直受到外界环境刺激的引导，向着大脑所判断的更有利的方向进行。

这就是"神经可塑性"的典型表现之一。

在这个过程中，大脑皮层的结构与功能，因为儿童所处的外界环境产生了微妙的变化，又会反作用于儿童的思考、情感、语言、逻辑、行为等表现。

所以，薛霓的做法有她自己的道理。这也让我们知道，神经可塑性的存在，让天赋有了可以在早期进行干预的可能。在这一时期，对儿童进行高质量的语言教育变得更加重要，父母语言的力量将扩大到极致。

Part.2　高质量的语言，刺激神经连接

宝宝出生后，大脑经历着爆发式的发育和神经增长，他也以成年人无法理解的速度，建立自己对世界的认知。

最初，宝宝获得的外界信息越少，对其语言教育的经验引导就越重要；相反，伴随他逐渐长大直至步入社会，接收到越来越多不同种类的繁杂信息，已经获得的某方面经验占比就会越来越多，引导意义也就下降了。

所以，越是一张白纸，我们就越要谨慎落笔。这时候，进行高质量的语言教育，宝宝的吸收和转化率是最高的——他正如饥似渴地吸收来自外界的信息，对一切充满了好奇，处于学习的高峰期。如果父母不能好好利用这一时机，实在是太遗憾了。

此时的语言教育，能扩展宝宝未来语言能力的上限。举个例子对比一下，当宝宝还不会说话时，父母可以选择不同的应对方式——

A. 尽量哄宝宝安静地玩耍，父母可以专注于自己的事情。

B. 当宝宝醒来时，跟他互动，根据他的兴趣交流，如："为什么看窗外，是喜欢白云吗？云，那是飘动的白云。""这是卡车，这是消防车。你看，推一下它就动了。"

同样都是度过了一天，A方案中的宝宝只获得了部分信

息,B方案中的宝宝则得到了一些新鲜刺激信息,如"窗户""白云""汽车"……也许你会说,孩子早晚都会获得这些信息,每个正常人都会知道,不是吗?但你忘了我们说过的前提——越早获得外界的经验刺激,对孩子大脑的引导就越重要。

对成年人来说,一个新词汇的意义只是一个词。对婴幼儿来讲,大脑的语言处理区接收到新信息,在理解词汇时,语言区的神经连接也得到了修饰。

一天,一个月,一年……当父母一直采取B方案,不断刺激宝宝的大脑发育,他的语言区就有机会得到扩展。当孩子的大脑有比一般孩童更大的空间和更高的效率去处理语言,他的能力上限就提升了,这不就是语言方面的天赋表现吗?

所以,父母要切记,提升语言质量的确可以促进孩子大脑相关区域的发育,给孩子创造更广阔的未来空间。

▶ 贴近孩子的自我中心式思维

什么样的语言教育,才是高质量的?

是像唐诗、宋词一样古典雅致,还是如科学论文一般严谨精妙?提供高质量的语言教育,是不是对父母的学识有一定的要求?

如果你也有这样的问题,不必担忧。语言教育的高质量,不能单单从成年人的角度来判断,应该从孩子的角度出发去思考。就像我们前面所说,高质量的语言教育,就是孩子能吸收、好消化的语言。

首先,父母跟孩子交流的思维要有所改变——凡事不要说"我觉得""我认为",要说"你觉得""你认为"。对越小的宝宝越要如此说话,因为他的自我中心式思维方式,让父母必须站在他的角度去交流,而不是站在成年人的角度去教育。

只有贴近孩子的思维,父母才能说出高质量的语言。

Part. 1 皮亚杰的自我中心认知观念

有人提出过一个有趣的现象——在恋爱中,心理成熟的人会送对方喜欢的礼物,心理不成熟的人则会送自己喜欢的礼物。从另一个角度讲,我们将这些以自我为中心思考做出的行为,归结为幼稚的、不成熟的、像孩童一样的表现。

孩子,就是以自我为中心看待这个世界的。

这并非性格缺陷,而是天性使然。儿童的这一思维特点,最早由瑞士心理学家皮亚杰提出——他进行了一系列相关的实验,其中最著名的就是"三山实验"。

皮亚杰让参与实验的孩子绕着三座山的模型走了一圈,然后安排这些孩子坐在模型的固定方位,将几个玩具娃娃放在模型的另一边。皮亚杰给了孩子们一些照片，让他们挑出看到的娃娃模型的样子。

不出意外，这些不满6岁的孩子挑出的照片，都是从自己的角度看到的景象。

这说明，年纪幼小的孩子，对事物的认知方式和思维路径并不成熟。所以，他很难从客观的角度去分析，也就是站在别人的立场上去思考——这是儿童的认知局限，造成了以自我为中心的认知方式。

自我中心认知，影响着父母语言教育的方式——你不能指望孩子能从成年人的角度去理解一件事，也不能要求孩子对说教做出成年人式的反应，他完全沉浸在自己的世界里。想让语言教育发挥作用，父母必须主动走进孩子的视角，理解他以自我为中心的认知方式。

语言教育"高质量"的答案就在这里——高质量的语言教育不是说很多大道理，而是说孩子能听得懂的道理。所以，你要先成为孩子，然后理解孩子，最后才能教育好孩子。

Part. 2　做追月亮的人——追着孩子的注意力走

我经常说，做幼儿教育就是要磨父母的耐心，让父母真正成为愿意追月亮的人——而孩子，就是你的月亮。

很多新手父母有了孩子之后，都会发现一个共同的"真相"：再乖巧的孩子，也不够专注。想要让幼儿集中注意力太难了，哪怕父母是跟孩子一起玩游戏，他的表现也常常脱轨——上一秒还表现得兴致勃勃，下一秒就不知道被什么吸引走了注意力。

"是我家孩子的专注力有问题吗？"不少父母经常担心这个问题。

另一个沉浸在自己世界里的表现，就是幼儿很难将父母的教育和训导全都放在心上。你可能认为他做了一件错事，但无论是循循善诱和谆谆教导，还是严厉的斥责与批评，孩子都不能百分之百地理解"做错了"这个事实，或者来个不理不睬，或者常常委屈地哭起来。

"你还哭？明明是你做错了，还委屈上了？"这样的话，你是不是也很熟悉？

孩子的这些表现，都是自我中心认知的结果。这种思维方式在婴幼儿中具有普遍性，所以，我们不能将它等同于成年人以自我为中心的思维缺陷——孩子已经很努力了，但他所处的年龄段让他具有认知局限，无法从另一个角度认识事物，也很难配合别人控制注意力。

这时，我们要进行高质量的语言教育，就不能强迫孩子做认知范围外的事。那怎么办呢？当然是做主动的父母，跟着孩子的注意力走。

例如下面这个场景：

"那个,那个是什么?"宝宝指着花盆里正盛开的花朵,奶声奶气地问。

"是花,你看这朵花是红色的。"妈妈回答。

"我知道了,红色的花好漂亮呀!这里还有花花……"

当妈妈听到这儿,立刻觉得这是教孩子认识颜色的好机会。可她刚想说明另一朵花是什么颜色,宝宝的身子却一扭,往前跑去:"车车,坐车车!"

妈妈赶紧跑上去抱住孩子:"别乱跑……"

问题来了——如果你是这位妈妈,接下来会怎么办?

很多家长教育心切,会沿着惯性思维向下进行:"来,我们回去继续看花花,好不好?"

但这时候,孩子的注意力已经转移,就算你强行把他按在那里玩"认识颜色"的游戏,也根本达不到寓教于乐的效果。他反而会扭来扭去,毫不配合。

谈论孩子并不好奇的话题,十句话中,他也不一定能听进一句,这就是低质量的语言教育。解决的方法是,沿着孩子的兴趣方向说:"想坐车车吗?妈妈领你坐车车,不过,你要告诉妈妈这辆是什么车……"

跟孩子玩耍时,一定要观察孩子对什么更感兴趣,接着谈论他好奇的话题。这样的语言教育就是有效的、高质量的,很容易吸引到孩子的注意力,并且勾起他表达和交流的兴趣。

Part. 3　放慢步子，从自我语言走向灵活交流

在高质量的语言交流中，一个要点是"说孩子能理解的语言"。再好的营养品，如果身体不能吸收就完全浪费了；再动听的语言，如果孩子不能理解，也不过是家长的独角戏。

"感觉孩子的年纪太小了，还理解不了我说的话。"有的妈妈说，"是不是等他大一点儿再沟通，这样他才能学得更快，效果更好？"

"既然孩子的年纪小，为什么不尝试把你的话说得更简单一些呢？"我反问。

"但是，这样做，还有教育的意义吗？"有些妈妈不同意这种观点。

这是一个误区——家长希望在亲子交流中实现高质量的语言教育，最好是每句话都能启发孩子、引导孩子成长，所以经常给孩子输出高于其理解能力的语言。

但实际上，能启发、引导孩子的，往往就是同水平的交流。以孩子的思维去表达，让孩子能听懂才是重要的。

仔细观察，孩子经常自言自语，甚至在青少年时期这种现象也不少见。这种自言自语就是"自我语言"，比如，很多孩子面临困难进行思考时，就会下意识地跟自己对话。

在幼儿期，这种自我对话完全没有外界引导，是孩子最明

显的自我思维模式的展现。父母可以观察孩子的自我语言构建方式,然后再用类似的方法跟孩子交流,一点一点增加难度,搭建更复杂的内容和句式,引导孩子走向灵活交流。

这个过程必须要有耐心,小步快走比大跨步的方式有效得多。多进行同水平的交流,不要将交流难度与交流质量画等号,符合孩子的认知规律才是最重要的。

▶ 表达丰富,是高质量语言教育的表现

探讨语言教育质量的时候,我们要关注一些细节——词汇是否丰富,语速能否听清,表达是否准确。这些都可能影响孩子接受语言教育的质量。

父母的表达方式和用词丰富,就是一种高质量语言教育的表现。这是一个简单的道理:当你在孩子耳边重复新鲜的词汇越多,孩子的知识面就越广,对语言认知的建立也越完全;而你输出的词汇种类越少,生动表达的程度越低,孩子对语言的认知就越局限。

1920年,人们在印度发现了一个7岁大的"狼孩",就想办法引导她回归了社会。但一直到10年后"狼孩"死去,她

都没能学会任何一门语言。后来，语言学者经过多年研究，终于确认了这一点——如果一个人在3~4岁之前未曾接触过任何一种语言，他将永远无法理解语言的意义，也不能学会任何一门语言。

语言就是这样奇妙，人们至今未能破解婴儿大脑的秘密——为什么孩子从出生到3岁进入集体生活，在语言的学习上，每天都有着惊人的进步。尽管不知道其原因，但我们至少明白这段时期的重要性，就可以做出针对性的语言训练。

Part.1 丰富的表达，体现在词汇多样性上

午饭时间到了，林丛正在哄宝宝吃饭。

林丛的儿子1岁多，正处于磕磕巴巴能蹦出几个字词的年纪。这会儿，他正盯着妈妈手里喂饭的勺子，指着嘴巴喊道："妈，吃，吃。"

"宝宝要干什么呀？哦，要吃饭，是不是？"林丛一边给宝宝喂饭，一边不厌其烦地给他介绍吃了什么，也不管孩子听不听得懂，"吃一口菜，这是青菜，真棒。再吃一口饭，这是面条，慢慢嚼，不着急，乖。"

或许是"吃饭"这个词太熟悉了，宝宝听到后，笑着拍手："饭，饭，吃——饭——"

"没错！"

尽管小宝宝只会说"吃饭"，目前还不认识各种蔬菜的名

字，但林丛还是在把食物送入宝宝口中的时候，给宝宝念出不同的蔬菜名，比如说"这是油菜""这是菜花"，试图让他将蔬菜的味道、口感跟妈妈口中的发音联系起来。

在1岁多、只能说出几十个字词的宝宝面前，有必要注意词汇的多样性吗？关于这个问题，从下面这组数据中或许能得到答案——能与父母进行高质量交流的孩子，在2～3岁时的词汇量比同龄人高出30%。

我们通常认为，在孩子掌握了基本数量的词汇能进行简单交流之后，父母才需要注意自己的表达方式和用词。

比如，跟2～3岁的孩子对话，父母多使用不同的词汇，给孩子建立更丰富的语言环境。而在1～2岁时，孩子对语言的认识还很模糊，只需要注重语言的数量和频率，多说话、多交流就可以了。但研究表明，语言环境对孩子的影响有滞后性，2岁半的孩子所掌握的词汇量，往往跟他在1岁半到2岁之间接触的语言环境密切相关。

也就是说，就算孩子还不会顺畅地交流，我们仍然要注意塑造良好的语言环境，注重词汇的丰富多样性。这种影响是持续不断的，一直到孩子6～10岁。

Part.2　丰富的表达，与动作的生动性有关

高质量语言教育的另一种表现，就是孩子伴随着语言而产

生的动作是否生动。

关于这一点,林丛深有体会——当她在宝宝面前同时说话和做动作时,宝宝的注意力明显更容易被动作吸引。因为这一时期的宝宝,不一定能听懂父母的语言,或者无法快速接收全部的词汇信息,但他可以看到父母的动作。

如果把你带到一处学习外语的环境,你就能理解宝宝的处境了——当你跟外国人交流时,只要指示性动作做到位,即便用简单的词汇也能互相明白对方的意思。

所以,孩子更容易被动作吸引注意力。高质量的语言教育必须将动作囊括在内,父母不能让多余的动作成为分散宝宝注意力的罪魁祸首,而是要用动作辅助和配合自己的语言,帮助宝宝理解。

"这是勺子,吃饭用的勺子。"林丛在教宝宝自己学着吃饭的时候,就一遍遍地给宝宝展示餐具,指着勺子反复介绍它的名字。然后,她一边缓慢做出用勺子往口中送饭的动作,一边不断拉长声音重复着:"吃饭,这是吃饭。"

一次,林丛去准备碗筷,先把宝宝放在椅子上。等她回来一看,宝宝已经像模像样地攥着勺子,挥舞着做出吃饭的动作,还冲她笑:"妈妈,勺子,吃,吃饭!"

正确的动作,帮助宝宝强化了对词汇的认知。这是一种丰富的表达形式,也可以让语言教育拥有更高的质量。

Part.3 丰富的表达，也体现出情绪的准确性

语言到底是什么？语言不是孤立的，准确地说，它只是一种载体。

语言是文化的载体，也是知识的载体，更是情绪、思想、意识的载体。正因为我们有了相通的语言，才能更好地交流这些信息。

反过来看，一些直观的信息，还可以帮助我们更好地理解语言，如情绪。幼儿对情绪的理解和认知非常敏锐，他可能并不知道哭、笑、忧愁、哀伤的情绪与丰富的修辞和描述，但能迅速体会到别人的情绪变化。

所以，孩子是先认识情绪，再懂得学习相对的语言的。

我们可以通过准确的情绪传达，让孩子所处的语言环境更丰富。

对于林丛而言，就是在孩子面前要"喜怒形于色"。当然，这不是指父母要在孩子面前发脾气，而是在说话时语言里要带有情绪。

说到开心的事情时，林丛的语气是上扬的，脸上始终带着笑意。她会眉飞色舞地跟宝宝说："走，妈妈带你去公园玩，出去晒太阳啰！"这种轻快的语气和笑意，让孩子能迅速意识到妈妈说的是他喜欢的事情，哪怕还没听懂是什么事，情绪上

先做出了积极反馈——他马上拉着妈妈的手向门外走去。

当家人需要休息时,林丛沉下眉眼安静地注视着宝宝,举起一根手指放在嘴边:"嘘,大朋友都要睡觉了,小宝宝也该休息啦!"这种长久的温柔注视,能给孩子传达安全感和平静情绪的能力,让他产生想睡觉的感觉。

准确的情绪传达,能让孩子更快地理解父母词汇中的意思,继而提升语言教育的质量。

不同的表达技巧结合在一起,就构成了父母语言的丰富性,也就有了高质量的亲子交流。

▶ 像孩子一样说话,没有什么不好

成为父母是一种奇妙的体验——肩背要变得坚硬,因为要扛起家庭的担子;心脏却变得柔软,因为看到孩子就流淌成清澈的一湾湖水。

面对孩子的时候,父母连说话的语气都不知不觉地变得甜蜜起来。用一位前辈妈妈的话说,那可是"含糖量四个加号"——捏着嗓子模仿小朋友的语气、拖长音调像孩子一样说话,这到底是在逗孩子,还是家长的童心未泯,我们不得而知。

但这完全可以归结为家长群体教育经验的总结——经过跟孩子锲而不舍的斗智斗勇后,无数家长发现,当自己用模仿孩子的说话方式跟他交流时,效率是最高的。

这就是说,有一种高质量的语言教育,居然不是让孩子跟家长学语言,而是家长跟孩子学说话?没错,这就是语言教育中的"无招胜有招"。

Part. 1 保持像孩子说话一样慢的语速

"快点儿起床啦,待会儿还要去幼儿园呢!"秦臻抓起女儿小燕子的胳膊摇晃着,把她从床上拽起来。

小燕子今年刚满3岁,终于可以去幼儿园了。不过,秦臻每天早上都要跟女儿进行一场关于"起床"的拉锯战。

这天,秦臻一边帮女儿穿衣服,一边着急地看着手表,一不小心就把话说得快了一些:"今天有点儿晚了,妈妈先给你穿好上衣和裤子,你自己穿袜子,好不好?妈妈去给你拿早饭,爸爸去车库开车了,你穿上外套,我们就出门。"

小燕子一脸懵懂地看着妈妈。秦臻赶紧又问了一句:"宝宝,听到了吗?"

"嗯。"小燕子慢慢地点了点头。

秦臻放心地亲了女儿一口,转身去厨房拿刚热好的早饭。等她打好包再回头一看,小燕子又躺在床上了,小脚丫光溜溜的,一只袜子也没穿上。

父母的语言

等坐到了车上,小燕子才在秦臻的复述中听明白了早上的事,皱着眉头说:"哎呀,刚才妈妈说得太快了,我都没有听清楚是怎么回事。"

秦臻想了想,也难怪,平时她跟女儿说话的语速都很慢,就像女儿跟她对话的速度一样。这次赶时间一着急,她恢复了自己的正常语速,怪不得女儿没有听清楚。

当孩子年纪小时,他对语言的认知能力就像刚接触外语的成年人。试想,当你进入一个外语环境跟外国人交流时,他们也会刻意放慢语速,以便让你听清楚交谈的内容。对孩子说话也是这样,父母或老师要用适合的语速跟他交流,他才能最大限度地听清说话者语言中的信息。

高质量的语言环境,不能全部取决于父母能说多少词汇,还要看孩子能接收到并理解多少词汇,孩子才尽可能多地消化语言中包含的信息。而"适合"的语速非常容易掌握,只需要观察孩子平时怎么说话,保持你的语速跟孩子说话的速度一致,父母的语言就能顺利传达到孩子的耳朵里。

Part. 2　像孩子说话一样拖长语调

"蚂蚁——蚂蚁——你在干什么——呀——"秦臻刚下班回来,就看到小燕子跟爸爸蹲在小区花园里,正对着大树下面的蚂蚁窝喃喃自语。

这种抑扬顿挫、拖长音的软糯调子，可把秦臻的心都说化了。她俯下身子，回答道："可能是快要下雨了，蚂蚁们在搬家呢。"

"什么？"小燕子懵懂地抬起头。

秦臻这才想起来，小燕子没有听过"搬家"这个词。对待这种女儿可能不明白的词，秦臻在平时总是说得很慢，像女儿一样把调子拖得长长的，还要故意夸张口型。她立刻重复了一遍："搬——家——就是——好多蚂蚁离开这里，把家换到——另一棵大树下面，下雨——就淋不到它们了。"

当对婴幼儿说话时，6个月以下的宝宝往往会关注你的眼睛，因为那里传达着你最直观的情绪；6～8个月的宝宝更喜欢盯着你的嘴巴看，这说明他的注意力开始转移，开始好奇"为什么会发出声音"和"怎样发出同样的声音"；12个月以上的宝宝，盯着大人嘴巴看的概率又下降了，说明他明白了妈妈是怎么说话的。

但是，当你说了一些宝宝没听过的词汇，他又会盯着你的嘴巴，这就是下意识学习的过程。秦臻意识到了这一点，才会将"说"的过程放慢，拖长音调并摆出口型。

这就像我们在学外语时做听力训练，初入门者听到的都是拖长音、缓慢的对话，方便揣摩发音，分辨不同的读音和语义。对幼儿来说，拖长音调的作用也是如此，能帮助他更好地捕捉到发音细节，尤其有助于对韵母的学习。

秦臻发现，如果自己说话太快，女儿经常听不清词汇导致发音错误，而不是听懂了不会说。比如，邻居阿姨姓"林"，一开始，女儿总是喊"李阿姨好"。秦臻还以为孩子说得不清楚，直到有一次给她纠正，才发现女儿一直以为"林"的发音是"lí"，而不是"lín"。

所以，拖长音调有助于孩子分清一些容易听错的韵母，掌握词汇读法。

Part. 3　像孩子说话一样的抑扬顿挫

当我们说话时像孩子一样抑扬顿挫，一个显而易见的好处是，能让孩子快速感受到不同词汇的情绪、褒贬，体会语言中蕴含的情感；一个隐藏的影响是，孩子能建立很好的语感，懂得句子在哪里断句才能把话说得有韵律。

什么时候，我们说话是抑扬顿挫、起伏明显的呢？一般来说，是在朗诵的时候，在读诗的时候，在情绪激昂的时候。

有扬有抑的语调，让我们的话语充斥着情感，适当的顿挫则是断句的技巧——什么地方可以断开，什么地方应该继续，每一种语言里都有它通用的习惯。

可能孩子在小学阶段才会学到断句，才会被要求"有感情地朗读"。家长有没有想过这些训练的意义？平时这样做，就是为了培养孩子更好的语感，继而灵活地理解、运用语言。

在幼儿时期，尽管孩童还处于不知其所以然的年龄，但良好的语言环境可以给他们带来潜移默化的浸润，这就是高质量的学习氛围。

像孩子一样说话，真的没有什么不好。面对孩子，高质量的交流，就是用他的方式去交流；最好的教育，就是从他的角度去看待一切——理解他，他才能理解你。

▶ 改变描述方式，提升语言质量

说准确到位的话，孩子能更迅速地理解父母的意思。这是提升语言质量的方式之一。

对同样的事物，都有不同的描述方法。以符合儿童思维和理解能力的方式去描述，同样可以创造好的语言环境。

根据相关研究，父母是否与孩子频繁交流，不会明显影响孩子对语言的理解，但亲子交流时采取的用语和句式，却能影响孩子的理解。

Part.1 从"是什么"开始的主干思维

怎样理解孩子的语言思维？我们可以通过精简句子，反向逆推孩子的语言习惯。

"角落里竖着一把老旧的黄色扫帚。"

对于这个句子,如果精简到最短,我们应该保留哪个词汇才能最大限度地传达信息?

我想,大多数人会选择"扫帚"这个词,因为整个句子都在描述一把扫帚的状态。这就是句子中不同词汇的重要性,一般来说,描述的名词在句子中最主要,因为我们需要先知道"是什么",再了解"怎么样"。

跟孩子说话时,在有限的理解范围里,家长就要优先保证孩子听到主干词汇,也就是让孩子知道"是什么"。这会强化孩子的思维模式。

徐妈妈在跟孩子交流时,会先说"这是面粉""那是肉肉""妈妈在洗菜",让孩子先理解"是什么",然后再扩展内容。这就符合孩子的认知习惯,不至于让他一头雾水。

"这是饺子,你尝尝!"徐妈妈这样给宝宝介绍他第一次吃到的饺子。

如果换成另一种表述方式,就是:"这是肉和菜包在一起的饺子,你尝尝!"

宝宝可能首先听到的是"肉"和"菜",还要消化一下"包"这个动词,最后才能听到最重要的词语"饺子"。对他来说,饺子的说明比较曲折、不直白,考验他的理解能力。

所以，对 2～5 岁的小朋友，尤其是年龄较小的孩子，一定要注意孩子的思维能力，尽量精简自己的语言，减少不必要的描述让孩子听清主干。

Part.2　拒绝长难句，拆解成简单句

徐妈妈觉得，语言教育就像教宝宝吃饭。

最开始，宝宝吃的是母乳和奶粉，后来慢慢地添加辅食，最后才能吃易消化的正常饭菜。每一个阶段，徐妈妈都要给孩子精心准备好消化的食物，而不是自己觉得有营养的食物。

"孩子还小的时候，我不给他喂肉食，难道是我们不爱孩子吗？还是因为肉食没有营养，或是不好吃？"徐妈妈摇摇头，"还不是因为孩子消化不了。"

语言教育也是这样。所以，面对孩子很难理解的复杂长难句，最好的办法就是拆解成简单句子。

每次断句不超过 7～10 个字，是徐妈妈习惯的节奏。"一般要说什么事，或者描述一件事物怎么样，7 个字就够了。"她说，"一次只讲一个点，讲多了，孩子记不住的。"

周末，徐妈妈带孩子去公园玩，发现了一朵很漂亮、很大的粉色荷花。孩子非常兴奋，盯着荷花看了很长时间，还要"摸摸"花花。

"摸是摸不到的，但是我会带他感受一下。"徐妈妈说，

"荷花是粉红色的,很香,有大大的花瓣。但是,每次你只能引导孩子关注一件事,说太多了,孩子的注意力就集中不了。"

所以,每次带着宝宝观察和感受一件事物,徐妈妈都会把不同的特点拆解开,每句话只介绍一个特点、只用一个形容词,以便孩子能好好地体会。

长难句的对话方式,不适合3岁以下的孩子。以适合孩子年龄和认知的方式拆解句子,掌握输出的词汇密度,才能让语言发挥出更强大的力量。

Part. 3　改变描述顺序,先主干后细节

有些场景下,我们不能只保留主干词汇,还必须描述一个复杂的对象。这时,改变描述顺序就变得很重要,可以通过"先主干后细节"或者"先名词后形容词"的方式进行。

相关实验表明,孩子对语序的变化非常敏感,越重要的、越影响理解的词汇就要放在前面说,才能让孩子顺利接收。

徐妈妈在这方面操作得非常熟练,知道在什么时候怎样抓住孩子的注意力。

"花,红色的。"

"叶子,长长的。"

"小溪,冰冰凉凉的。"

……

将名词或主干内容放在前面,还有一个好处,就是能快速抓住孩子的注意力,指引他朝着正确的方向前行。

在某个环境中,孩子看到的不只眼前一个物品,家长要指引孩子,一定要先告诉他"看什么",再描述细节。比如,当徐妈妈先说"花"的时候,宝宝就知道看向花朵;然后徐妈妈再说"红色",宝宝就可以顺理成章地将花朵的颜色与"红色"对应起来。

如果徐妈妈直接说"红色的花",在孩子脑海中可能会简化成"花",前面的定语和形容词就失去了意义,减少了孩子对"红色"这个词的认识。

形容词和名词的组合在语法上有些复杂,孩子很难分清主次,无形中给他增加了语言理解的难度。家长先主后次地进行拆解,相当于提前画好了重点,孩子更容易体会。

如此训练,就能帮孩子建立语言纽带,联系起相关的名词、形容词和动词,帮他打好学习语言的基础。

▶ 有效地拓展语言:从已知延伸向未知

人的认知就像一棵树一样,不同的信息彼此相连,互相交织,从主干到细节组合成复杂的脉络。所以,人们喜欢画树状的分析图来整理自己凌乱的思维,也喜欢用联想的方式拓展认知边界。

创设一个健康的语言环境也是这样。如果传达给孩子的信息也像一棵树一样,从主干延伸出去,从已知的部分不断拓展,孩子对信息的接收和整合会更有效。这正是语言教育的有效方法之一。

Part. 1　知识树:从已知到未知

孩子的知识树和成年人一样,也遵循着"已知—未知"的规律。所以,接收词汇量越大的孩子,能从语言环境中获得的信息就越多。

这是一种正循环。

刘萌的女儿思思从小就喜欢天文知识,加上长辈的教育与引导,思思才4岁就已经能识别天上的许多星星、知道星座的名字了,还能说出几个与天文学有关的小知识。

因为喜欢,所以学到了很多知识;又因为知道得多,思思理解起新的天文知识就更快了。

"为什么月亮每天看起来不一样?"

"为什么有的星星看起来是红色的?"

"爸爸说那几颗星星连起来就是一个星座,我怎么看不出来是什么形状啊?"

……

有了基本认知，思思每天都能产生很多关于天文的问题，而爸爸、妈妈也乐于给她解答，哪怕只是告诉她一些简单的知识。

所以，思思对月相有了粗略的认识，知道"月儿弯弯像小船"的时候是弦月，"月儿圆圆像银盘"的时候是满月，还知道了很多其他知识。

而其他的幼儿园小朋友，就对此一无所知。不过，在其他不熟悉的领域，思思也跟普通小朋友的认知程度差不多。

这是思思在天文相关领域知识树发展迅速的表现。很多人不相信，觉得一个4岁的孩子怎么能理解这么多专业的知识？但对孩子来说，理解月亮为什么会变换形状，跟理解大人为什么要上下班一样，都是困难的、未知的。

我们的"常识"在孩子身上还未建立，引导和强化就变得很重要。当思思学习的天文知识越多，就意味着这部分知识树越粗壮。这就是思思的"常识"，随着她慢慢地成长，知识面又可以迅速地发展、拓宽。

或许这能帮助家长理解知识树的作用——尽可能地给孩子建立知识树的主干，孩子就能自然而然地拓宽知识面，汲取相关信息。

Part. 2　建立"常识"的知识树主干

对儿童来说,建立我们认为"常识"的知识树很重要。不是每个孩子都像思思一样喜欢天文学,当我们不知道自己的孩子对什么感兴趣时,帮助他尽可能多地了解这个世界,就是帮助孩子寻找未来的兴趣点。

建立名为"常识"的知识树主干,技巧很简单,就是把关注点放在"说什么"上。多说一些与孩子生活切实相关的内容,让孩子了解自我、了解所处的环境和家庭关系,他就能顺势衍生出许多问题;根据孩子的所见所闻进行拓展,让孩子尽可能多地知道"这是什么""那是什么",他就会产生"为什么"和"怎么样"的思索。

也就是说,家长可以着重给孩子介绍一些新知识,抛出一个新知识的主干信息,细枝末节可以留给孩子慢慢探索。

这是一个非常有趣的过程,也是亲子互动的良好机会。这样建立的知识树,相当于由父母专注打造主干,孩子自己填充分支,效率会更高,也能将父母的语言力量发挥到最大。

所以,不要小看那些日常对话。

当汽车路过街道时,你可以告诉孩子:"这是汽车。这些汽车不一样大,也有不同的名字。"

如果孩子对车辆感兴趣,自然就会问你:"小的是什么车？那个大的呢？"

你就可以告诉孩子："大大的是消防车，有颜色的是出租车，长长的是公交车，白色闪着灯的是救护车……"

一个 3～5 岁的孩子，如果对车辆感兴趣，他可以说出好多车的不同种类、样式和功能。而这一切的开始，只是因为你告诉了他一个感兴趣的信息——这是汽车。

想给孩子拓展知识面并不难，从生活入手，从孩子的所见所闻入手，让他认识最容易理解的内容，带他了解每一样事物最主干的信息。这样，孩子自己就会产生许多问题，然后不断补全信息，从已知走向未知。

Part. 3　多给孩子读书，拓展语言环境

5 岁以下的小朋友虽然识字的能力参差不齐，但大多数都热爱亲子阅读这一环节——哪怕自己看不懂绘本中的文字，也会缠着父母讲一讲里面的故事。

对故事的喜爱和好奇，正是孩子求知欲和好奇心的表现。在孩子成年后还有喜欢阅读的习惯，正因为他在儿童时期如饥似渴地爱读书和学习，才能保留下如此良好的品质。

如此，多给孩子读书很重要。哪怕我们阅读的内容天马行空，或与生活关联不大，也能帮助孩子建立幻想的"已知"内容，构建名为"童话世界"的知识树，帮助孩子了解一些他可能在生活中接触不到的信息。

很多孩子对中国古代的常识认知，大多是在历史人物故事中建立的；对西方世界的宫廷认知，一般是在王子和公主的童话故事中建立的；对动物和科学的认知，就是在儿童科普故事中建立的……

多进行亲子阅读，因为孩子感兴趣的故事中都有他用得上的信息，都能扩展他的"已知"。只有"已知"的范围越来越大，他才能有更多与"未知"接壤的空间，让他更快地学到未知信息。

用已知连接未知，才能更好地构建孩子通往未来的成长道路。

第三章
有原则地沟通，建立语用能力

语言有三美：意美以感心；音美以感官；行美以感目。

——鲁　迅

▶ 语言的"工具性":运用是最强的驱动力

语用能力,就是使用语言进行交流的能力。说话的人,要懂得根据自己的交谈目的、说话时的情景和交流对象的情绪与反应来调整表达方式,准确地将自己的想法传达出去;而对聆听者而言,就是能听懂复杂情境下对方的话语含义。

这就是对语用能力的准确界定,它最大限度地体现了语言的工具性。

语言不是孤立存在的,它是文化的载体,是交流的媒介。对孩子来说,学习语言最大的好处,就是他可以跟别人进行明确的交流以达到某种目的。因此,语言具有的工具性,是孩子学习时最大的驱动力,父母可以通过语用能力的强弱来判断孩子对它的掌握情况。

Part.1 不要小看孩子的语用能力

苏蕾一直觉得孩子不能小瞧,因为女儿总在不经意间就会给她一些惊喜。

苏蕾的女儿小小是个"机灵鬼",因为她才3岁多就很会察言观色,知道什么是"好的",什么是"不好的",面对谁该说什么话。

比如,当苏蕾问她:"你觉得妈妈好看,还是小菲好看?"

小小就会回答:"妈妈好看,小菲也好看。"

小菲是小小在幼儿园里最好的朋友,她不止一次说过"小菲长得最好看"。但是在妈妈面前,她强调了"也"字来表达自己的态度——在她心里,妈妈和小菲都很重要,都很好看。

小小不仅知道"好看"是一个褒义形容词,也能理解妈妈问话的含义,知道妈妈想让她夸奖一番,同时还懂得在这个情境下如何准确表达自己的想法。这说明,3岁多的小小已经懂得怎么理解别人的问话情景,也懂得说出令对方开心的话。

0~2岁时,孩子还不能准确顺畅地使用语言表达自己的意图,但他可以通过理解大人的手势来领会不同动作、语言的情景,做出自己的回应。比如,孩子想出门玩耍时,他会拽着父母的衣角,指着大门的方向说出"走,走"或者"玩,玩"之类的词,以动作+语言来表达自己的需求。

3~4岁是孩子语用能力发展的高峰期。苏蕾女儿小小的行为,就是语用发展的里程碑式表现——她懂得根据表达对象来调整自己的说话方式。在这一时期,孩子能领会对话情景深层的意义,明白对话时潜藏的含义,如家长的拒绝或赞成态度等,并根据对方的态度来改变自己的应对。

5～8岁的孩子，则能逐步学会更加复杂的语言运用，如打断对话、维持对话、开启对话，或者帮助别人理解对话的意义。所以，千万别小看孩子的语用能力，它的发展非常迅速。因为孩子有迫切使用语言的需求，这成为语用发展最好的驱动力。

Part. 2　在交流中促进语用能力的发展

多跟孩子交流，让孩子明确体会到父母的态度，能促进孩子的语用发展。比如，跟孩子交流时，不要用意义不明的态度拒绝或肯定，应该每次交流都注视着孩子的眼睛，或故意延时处理孩子的需求来激发他的表达欲等，这些都能促进孩子的语用能力发展。

夏天的时候，小小很喜欢吃冰激凌，但是吃得太多会对身体不好，家长就一直约束着她。这天傍晚，小小又想吃冰激凌了，一会儿看看妈妈，一会儿瞧瞧冰箱，做出一副"我很想吃但是不主动提出"的样子。

苏蕾就假装没有看到，不搭理女儿。过了一会儿，小小憋不住了，跑过来说："妈妈，天太热了，应该吃冰激凌的。"

"不对，天热了应该多喝水。"

"嗯，妈妈说得对，我早上喝水了。"

"真棒，宝贝真乖。多喝水对身体好，吃冰激凌对身体不好，肚肚会疼的。"

"爸爸也喜欢吃冰激凌，可是爸爸的身体很好呀！"

"爸爸是大人，宝贝还太小了，就得少吃冰激凌。"

"那我就吃一点儿，可以吗？"

"不行，你今天中午已经吃过一次了，明天再吃吧！"

"好吧……"

苏蕾一开始忽略了女儿的需求，迫使小小不得不主动提出自己的想法。小小提出要求后，苏蕾就明确做出拒绝，让孩子接收到妈妈的态度。于是，小小紧跟着转变态度，顺着妈妈说"喝水"的事情，表现自己的乖巧。接下来，小小听到妈妈对吃冰激凌的评价后，她再次试图用"爸爸能吃冰激凌"的例子来指出妈妈说得不对，还找到了妈妈话语中的漏洞"爸爸吃了肚子不会疼"，做出"少吃一点儿"的让步，直到确认遭到了拒绝后，她才最终放弃了自己的要求。

这个对话过程中，苏蕾每次都明确表达了自己的态度，没有语意不明的回应，比如简单一句"哦""知道了"或不回答，这样才能让女儿准确理解她的意思，并促进对话进行。同时，苏蕾说话时一直注视着女儿的眼睛，让孩子明确感受到妈妈的情绪，这也是小小能快速做出应对的重要原因。

给孩子创造说话的机会，语用能力就在亲子交流沟通中建立起来了。父母强大的语言力量，就体现在与孩子互动交流的过程里。

▶ 调动共情力的聚焦和思考

20世纪60年代，美国儿童心理学家贝蒂·哈特与托德·里斯利曾对贫困家庭儿童进行过词汇特训的实验，在短时间内教导孩子们学会了大量单词。但事实证明，这种硬性训练并没有让那些儿童赢在起跑线上，最终还是泯然众人。

死记硬背的方式，违逆了儿童的认知规律。如果孩子没有使用词汇的需求，就没有学习的动力和失去训练的兴趣，又怎能真正理解这些词汇呢？

父母要发挥语言的力量，就一定要跟孩子共情。但是，我们的"共情力"应该聚焦在什么地方？由此又能引发孩子什么样的思考呢？

Part. 1 共情孩子的兴趣

"来，咱们再来数数这个迷宫里的小鸭子。我看答案里有17只，咱们数一数，看看对不对……"

声音从卧室里传来，又是爸爸在教小帆学数学。为了给孩子打好数学基础，让他上幼儿园时能跟上"大集体"，避免在班级学习中产生自卑感，爸爸、妈妈没少下功夫。

"爸爸，我不学了，没意思，咱们玩积木吧？"小帆听了一会儿就坐不住了，眼睛一直往玩具箱那边看。说完，他干脆站起来并跑去拿积木了。

爸爸本来就憋着气，这下被小帆给整得一下子严肃起来："玩什么积木，快给我坐下！今天，你必须把这本数学迷宫看完五页才能玩。"

听到这话，小帆像霜打的茄子一样，蔫蔫地坐下了。

但爸爸发现，这招一点儿也不好用。接下来，不管他怎么引导，小帆都心不在焉，好几次把书上的小动物都数错了。

孩子很难保持长时间的专注，学习能力的强弱，很大程度受到注意力和兴趣的影响——对感兴趣、关注的内容，孩子可以极度专注，学得飞快；对不感兴趣的内容，他能做到完全不在意。

针对这种情况，最好的办法就是调动父母对孩子的共情力，观察、揣摩孩子的想法，找到他真正感兴趣的地方。

在语言交流上更是如此，孩子只有对某物或某事感兴趣了，才愿意积极地思考和表达。

有儿童心理学研究者征集了大量志愿者家庭，收集他们跟孩子的交流录音，发现家长跟孩子在不同场景下所说的词汇数量有明显差异。也就是说，总有一些时间段，是家庭对话中语言的"爆发期"。

到底是什么原因，让家长跟孩子说了这么多词汇？研究者进行数据分析，发现绝大部分词汇爆发的场景，是对于孩子非常感兴趣的事件。当孩子对话题感兴趣时，就不再是父母单方面的语言传输，而是有来有往的问答。一问一答的过程，提升了孩子掌握词汇的数量，也丰富了词汇的质量。

孩子觉得有趣、有吸引力的内容，才能形成对话，并促进双方的沟通。所以，共情孩子的想法，关注他的兴趣点，变得尤为重要。

Part.2　聚焦和理解孩子的兴趣

小帆的心不在焉，让爸爸的教学宣告失败。爸爸有些挫败地瞪着小帆，突然发现孩子的眼神一直往旁边的玩具箱看。

孩子还是想玩积木，爸爸意识到了这一点。

孩子在成年人面前就像一张白纸，情绪都写在脸上，根本无法掩藏。哪怕孩子还不会说话，同样能表现出自己的兴趣。比如，他的眼神一直盯着那样东西，嘴里发出咿咿呀呀不明意义的声音，有时手脚还会快乐地舞动着进行指引……

这就是我们聚焦孩子兴趣的契机。孩子从来没有掩饰过自己的想法，只需要父母用心观察。

爸爸想了想，说道："我陪你搭积木吧，不看书了。"

看着小帆高兴的样子，爸爸很好奇，孩子为什么就这么喜欢摆弄那一盒木块，不喜欢色彩鲜艳、图片精美的迷宫数学书呢？他尝试着去理解小帆的兴趣，问："你为什么这么喜欢搭积木呢？"

"好玩啊！"

"哪里好玩了，我怎么看不出来呢？"

"想搭什么，就搭什么，多好玩啊！还可以把积木摞起来，摞得高高的，它不会倒才好玩呢。"

爸爸突然想起来，小帆的确很喜欢摞玩具。把不同的玩具堆在一起，小心翼翼地维持着不倒塌，对小帆来说很有意思。

爸爸觉得，自己对孩子的了解好像又多了一点儿。

谈到自己喜欢的积木，小帆的话就变多了，不仅主动向爸爸介绍这块积木的作用，还拉着爸爸一起玩，跟刚才不爱说话、没有反应的样子判若两人。

爸爸一直跟孩子在积木游戏中互动，最后在玩"搭到第几块才会倒"的游戏时，他让小帆把刚才很排斥的数学练习了好几遍，小帆没有表现出一丁点的抗拒。

当孩子对某些事感兴趣，聚焦它、理解它时，能帮我们拆解孩子的语言和行为，解读那些我们原本不懂的信息。另外，理解孩子的这种行为，也能打开我们跟孩子交流的窗口，促进孩子主动锻炼语用能力。

Part.3　理解之后，立刻行动

找到孩子的兴趣点后，家长立刻付诸行动启发孩子的语言表达，此时的效果是最为显著的。因为很多时候，孩子的专注力并不持久，可能只是当下某一刻的想法，家长及时抓住这个兴趣点才不会让它溜走。

三四岁的小帆喜欢搭积木，但五六岁的他就不一定还对此感兴趣；今天的小帆可能想看动画片，明天的他也许会把这件事忘掉，就想出去踢球；这一刻的小帆或许对天边的云彩十分好奇，下一刻，他可能被树上知了的叫声吸引住……

孩子的兴趣点不是恒定的，我们能做的，只有迅速行动起来去启发孩子运用语言的能力。

当孩子看了一眼窗外的云，我们要告诉他"那是云""云是白色的，天是蓝色的"，甚至可以告诉他"云块堆积或者碰撞能形成雨"；当孩子吃到榴梿皱起眉头时，我们要告诉他"这是榴梿独特的味道""有的水果是香甜的，有的水果难闻却吃着甜"，也可以告诉他"榴梿是长在树上的水果"……

调动共情力至关重要，语言只是一种共情的途径和方式，发挥它的工具性，孩子反而会学得更快。我们不需要费尽心力去开启话题，只需要找到孩子当下注意力聚焦的点，就此展开对话就可以了。

▶ 强调对话中的话轮转换规则

父母的语言能起到很多作用,不仅能充当孩子交流、练习的对象,还能起到不可替代的引导作用,是孩子学习语用的范例。所以,家长在跟孩子交流时,要注意一些技巧性的细节,比如对话时强调"话轮"的概念,能让孩子学会如何跟别人沟通、怎样转换话轮。

Part. 1 沟通中的话轮转换规则

"老师要带你们进行户外活动,大家排好队,一个一个出门,听老师的安排,谁也不要着急……"幼儿园小班的课堂上,李老师正在给小朋友讲解户外活动要注意的事项。

听到终于可以出去玩了,想到那些好玩的滑梯、跳绳、皮球,小朋友们都很兴奋。李老师还在讲解安全问题,就有小朋友忍不住大喊:"老师,我要滑滑梯!"

有了这个"小勇士"开头,大家都忍不住了,纷纷嚷起来:

"我要和莎莎比赛跳绳!"

"我想玩皮球,老师,我想玩皮球。"

父母的语言

"我想……我想回家……呜呜……"

……

一时间,教室里充满了小朋友们的叫喊声,谁的话也听不清楚了。

没办法,李老师只好使劲拍手,示意大家安静下来看着她,然后说道:"安静,大家都安静!一个一个跟老师说,老师叫你们名字的时候再说话。"

小朋友们的这种"抢答",就是不清楚话轮转换规则的表现。话轮转换,是成年人沟通和会谈时的普遍规则,即在参加会谈的时候,所有人都轮流发言,每次只有一个人在说话,很少出现同一个群体多个人同时发言的现象。

这种交替发言,就是话轮转换的过程,而当其中一个人开始发言时,就代表会话主角过渡到了他这里。简单地理解,就像游戏"击鼓传花"一样,谁拿到花就可以发言,而将花抛给下一个人,话语权也传递到了对方那里。

这种方式可以保证沟通有序,但孩子不太清楚这一点。所以,当第一轮对话还在李老师那里并没有停止的意思时,孩子们就打断了她的发言,表达起自己的意思来。

于是,李老师叫停了大家的共同发言,要求一个一个回答。这就是将话轮规则重新建立起来,并制定了规则。

"晓飞,你先说吧,你想玩什么呢?"李老师这样问,就将话轮对象转换到了晓飞这里。

晓飞想了一下,说道:"我想滑滑梯。"

李老师点点头,又看向美美:"美美,你想玩什么呢?"

这就是将晓飞的话轮结束,然后把话轮转到了美美这里。

从李老师的发言中能看出来,她在有意识地强调话轮的开启和结束。比如,以某个孩子的称呼作为开始,表达出"我在跟××对话"的意思,并以询问的语气结束,让孩子明白她在问谁、问什么。

因为孩子不清楚会话规则,这种话轮转换必须由人指引并不断强化,孩子才能听得懂。

Part. 2 用语气词和肢体动作强调话轮转换

像李老师一样,我们可以通过关键词与语气词,或肢体动作来强调话轮的转换,让孩子意识到"该我说话了"。

比如,当李老师要问东东为什么想家时,可以这样问:"东东,一会儿小朋友都要玩游戏了,你为什么想回家呢?"

其中,在关键的语义"为什么""想回家"上可以进行强调,如说得更慢、更清楚,让孩子知道传达的主要意思;用"呢""啊""吗""哦"之类的语气词结尾,可以让孩子明确这个句子是不是在询问他。

孩子越是喜欢插话、抢话,就越是要强调话轮转换这一规则,用符合他认知的方式加深他对转换的印象,直到可以准确地抛接话题。这是语用能力发展的一大表现。

Part.3　耐心等待，突破孩子的局限

对话时，孩子还容易出现两大局限，即聆听时的理解局限和接话时的表达局限，这跟幼儿的思维能力不足有关。所以，家长要给孩子足够的耐心，千万不要一时着急就代为回答，或忽略孩子没有听懂的事实。

比如，当李老师问到小宁"你想玩什么"时，小宁低着头，一时没有回答。

旁边的小胖替小宁着急了，举手向李老师大声说："老师，小宁想画墙画，我也想画！"

李老师没有问小宁"是这样吗"，而是对小胖说："小胖不要着急，让小宁自己来回答，万一他想玩别的呢？"

小宁想了想，才认真说："我想画墙画，也想滑滑梯。"

"那你就先去画墙画，再来排队滑滑梯，怎么样呀？"李老师微笑着问。

"嗯！"小宁点了点头。

对于像小宁这样的孩子来说，他可能需要长时间的思考才能做出回答。如果李老师没有耐心，直接抢着替小宁说出她自己认为的答案，或者问"是这样吗"，小宁可能还没构思好自己的答案，只能点头承认。

所以，最好让孩子自己说出想法，哪怕要等孩子理解话语的那一段时间，也不要代替孩子回答。

同样，孩子不能很好地转换话轮，无法准确回答问题，也可能是他没有听明白前一个讲话者的提问。幼儿的注意力、理解力和语言处理速度都相对较差，如果你用成年人的经验去判断孩子当下的行为，可能以为他完全听懂了你的话，实际则不一定。

孩子当时听不懂你的话语，更谈不上理解话轮转换、做出对应的答复了。所以，给孩子一点儿耐心，用简单的句子描述内容，缓慢有力，强调重点，让孩子听懂你的话是最重要的。

当孩子懂得如何轮转对话，他的沟通能力和对语言的运用能力都会大幅度提升。

▶ 让孩子学会维持对话

语用能力的另一个表现是，孩子能否在沟通时维持对话。一个话题在提出之后，并不会自然而然地延续下去，而是需要你来我往、一问一答，才能让沟通的效果达到最大化。

一些家庭调查也印证了这个结果，让孩子可以与父母保持较长时间的问答,在对话中出现的词汇数量和质量是最高的。所以,孩子能不能维持对话,很大程度上体现了他的语言运用能力,也决定了孩子能否在较长时间内保持高效率的沟通。

Part. 1 维持对话的角色由成年人转向孩子

孩子的年纪越小,专注能力越差。所以,在早期的亲子互动中,一般是家长主动关注孩子的举动,在每一轮话题结束之后,由大人代替孩子的角色来维持对话。

萱萱快 2 岁时,虽然她也能跟父母进行简单的交流,但大多数时间是妈妈根据她的动作和回答进行诱导。

妈妈带萱萱去儿童商场,她被漂亮的衣服吸引了目光,拉着妈妈指向橱窗里的假人模特说:"裙裙,姐姐穿裙裙。"

在萱萱停止说话后,妈妈猜测着萱萱的意思,立刻将对话维持下去:"你是说姐姐穿着裙裙很漂亮,是不是?"

萱萱的眼睛睁得圆溜溜的,目光在橱窗里的衣服上游走,重重地点头:"嗯,嗯嗯!"

"萱萱也要穿漂亮裙裙。你看,旁边的姐姐还穿着漂亮的裤子呢,那是牛仔裤。"妈妈抱着萱萱指向她关注的地方,根据萱萱的神情给她介绍服装的品类。

"嗯,姐姐穿裤裤。"在妈妈的指引下,萱萱又开始研究起牛仔裤来。

在这个简短对话里,孩子还不会组织很正式的句子,主要是由家长进行话题的解读和维持。其中,每一个关键的话轮转换都是家长在进行描述,孩子主要承担倾听的角色。

根据调查,儿童维持会话的能力跟年龄有密切关系。在2岁之前,孩子主动回应成年人的问题时,只有接近21%的内容仍然围绕原来的话题。而这一比例在3岁左右提升到46%,说明孩子的语用能力发展很快。

所以,伴随着孩子不断成长,我们可以逐渐将维持对话的角色交还给他,让他来尝试维持一段对话。

Part. 2 鼓励孩子重复,以便学习维持对话

当孩子年龄还小时,他维持对话的方式非常简单,甚至谈不上任何技巧,就是在重复大人所说的内容。

但对孩子来说,重复就是一个不断学习和从中获取信息的过程。我们要重视孩子这种重复的学习方式,在沟通时给孩子创造机会,尊重他的重复习惯。

萱萱到了2岁以后,妈妈发现孩子"学舌"的情况越来越多。

玩布娃娃时,萱萱很喜欢妈妈给布娃娃编的故事。妈妈说:"小洋娃娃带着小狗一起去姥姥家,洋娃娃在前面走,小狗在后面跟着。"

父母的语言

萱萱一只手抓着洋娃娃放在前面,一只手抓住小狗玩具放在后面,假装在"走",嘴里也不闲着:"洋娃娃带着小狗去姥姥家啦!"

接着,萱萱等着妈妈继续讲下去。她看向妈妈,又重复了一遍,带着疑惑的语气问:"去姥姥家,后面没啦?"

妈妈没有继续回答萱萱的提问,而是问她:"去姥姥家的路上,然后呢,你说发生了什么……"

因为萱萱还处在热衷于模仿而非自创的阶段,让她自己描述去姥姥家发生的事情,她的思维可能会有些跟不上。

对这个阶段的孩子而言,当他重复了大人的话,就意味着他认为自己的讲话已经结束,话轮该转回到大人那边了。所以,妈妈自然地回应:"然后,洋娃娃在路边小溪里捞了一条小鱼。"说着,妈妈就把一个小鱼玩偶拿过来递给了萱萱。

萱萱很高兴地把小鱼玩偶放到洋娃娃怀里:"洋娃娃捞了一条小鱼。"她可能意识到这个动作可以重复和延伸,又从玩具箱里挑出几样玩偶,高兴地说,"洋娃娃还抓了一只小老鼠,挖了一根胡萝卜……"

虽然萱萱对词汇的细微差别认识不到位,但她在重复完句子之后,还学会了扩展,加入了新的内容。这就是她在突破重复的方式,用自己的思路维持对话。

孩子的思维就是这样不断进步的。最开始是由父母维持对话,然后父母可以锻炼孩子重复大人的话,让他不断体会维持对话的感觉。孩子会一点点加入自己的思考，受到启发学会模仿。最后，孩子就学会了自己维持对话，延续双方的沟通。

Part.3　用角色扮演来创造对话情景

想锻炼孩子维持对话的能力，在游戏中寓教于乐是最好的方式，如角色扮演。

为什么说，孩子特别适合在角色扮演中学到如何跟父母沟通呢？因为这个游戏所含有的信息元素非常丰富，既有一个单独的场景，又能开展独立的情节，环境中既有物品也有不同的参与人物，可以说具备了元素的丰富性，与现实中其他场景具备的要素差不多。

同时，角色扮演一般发生在孩子熟悉的故事背景下，这意味着场景里出现的词汇或句子都是孩子曾经听过的，孩子不需要在思考如何沟通的同时还要处理一些生词，这就降低了沟通的难度。

因此，角色扮演几乎是最适合孩子提升语用能力的游戏。萱萱和妈妈做的游戏，就是角色扮演的一种。

此外，由孩子沉浸式体验角色，也是一种角色扮演。后者还可以锻炼孩子的共情心理，让孩子从以自我为主的思维模式，逐渐转化到理解和共情他人。

当孩子能自发地维持一段对话，他与父母的沟通频率和涉及的内容深度，都会有里程碑式的进步。

▶ 肯定语言与禁忌语言的运用

心理学家哈特和里斯利的研究结果还指出，不同社会经济地位的家庭之间，差距最明显的表现是肯定语言和禁忌语言的使用。

肯定语言，就是传达"你可以这样做""你是对的"之类的信息，肯定孩子行为的语言；禁忌语言，则是传达"这不行""你做得不对"这样否定信息的语言。

根据调查，经济条件好、受教育程度高的家庭，虽然也会给孩子传达否定信息，强调某些禁忌语言来约束孩子的行为，但频率相对更低一些——每一天里，高收入家庭给孩子传达的肯定信息是低收入家庭的五倍。

沟通中，运用不同的肯定语言和禁忌语言，一定会影响孩子的思维习惯和性格养成。

Part. 1 频繁使用禁忌语言会限制孩子的发展

琳琳上幼儿园后，老师经常带着孩子们做一些手工活动，琳琳总能完成得很好。

这一次，老师布置的任务，是要孩子们手工制作一座纸质的小房子。其他小朋友做的都是普通的单层小房子，琳琳却利用一个鞋盒做出了"小别墅"一样的两层小屋，还能看到里面的小桌子、小柜子。别说小朋友羡慕了，就连老师都夸奖了琳琳，还专门将她的作品放在课堂上展示。

放学了，琳琳小心地抱着自己的作品，一进家门就拿给爸爸、妈妈看，期待他们的表扬。没想到，妈妈正在做饭，看到琳琳的作品之后只是瞄了两眼，随口说："好了，一会儿就吃饭了，吃完饭再看，要不你先拿给爸爸看看吧！"

琳琳有点儿失望，但是也知道妈妈在忙，就拿给爸爸看。爸爸正在看手机新闻，抬头看了看琳琳的作品之后，只是点了点头，反而问起她今天的数学课上得怎么样，然后考了她几道加减题。

发现琳琳回答得不太好后，爸爸就有点儿不高兴了："以后别老想着做什么手工，捣鼓这些破纸盒子有什么用，还是要好好学习的。"

琳琳失望极了，还很委屈，回屋后越看自己的作品越难过，最后把它剪掉扔进了垃圾桶。从那以后，她就失去了以前上手工课的积极性。

琳琳没有做错什么，相反，她还发挥出了自己的创造力和动手能力，做出跟别人不一样的好作品。但是父母的忽视和反对,没有让琳琳得到应有的鼓励,反而表达出"不赞同"的意思,这严重挫伤了孩子幼小的心灵。

琳琳没有足够的判断力,就此以为自己做手工是"耽误学习",是"不务正业",因此失去了继续尝试的积极性。

如果父母能给琳琳好的反馈,就是当时给予她鼓励和肯定——那么,琳琳的创造力绝对能得到进一步提升,她也能更好地发挥自己在这方面的特长。但是,父母没有给琳琳营造出这种安全感和自信,反而让琳琳更多地关注到自己的缺点,这只会打击到她的自尊。

亲子沟通时,我们要尽量少用禁忌语言,少给孩子传达"你做不到""你做得不对""你真差劲"之类的概念,鼓励和赞美才能让孩子拥有尝试一切的勇气和可能性。

Part.2　暗示教养法:使用肯定语言关注孩子的优点

根据相关研究,几乎90%的优秀人才在幼年时期都受到了或多或少来自亲人的鼓励和帮助,其中,母亲的角色出现的频率最高。这种积极的鼓励,并不是夸大的炫耀,而是用好的、向上的方式来形容和肯定孩子的行为——多关注孩子的优点,淡化他们的缺点。

这就是大家俗称的"暗示教养法"。

芸芸转学到了一所新的幼儿园。原因是,妈妈发现原来幼儿园的孩子太多了，老师照顾不过来，可能无意中会忽视孩子的情感需求。

"我很喜欢教音乐的李老师。"有一天放学后，芸芸不高兴地对妈妈说，"但是李老师从来没有夸过我，她夸过小美、小旭和辰辰，以后我不会再喜欢李老师了。"

芸芸没有从喜欢的老师那里得到肯定，连音乐课都不想上了，最喜欢的儿歌也不爱唱了。妈妈了解了一下，觉得这不是老师故意忽视孩子，只是幼儿园里的小朋友太多，老师没办法一一关注到。

于是，妈妈给芸芸转到一家规模较小的幼儿园。三个老师照顾一个班的孩子，每个小朋友的需求都能得到满足。

"今天老师夸我的衣服好看，我告诉老师，这是我自己选的。"芸芸高兴地说，"明天上学，我还要自己选衣服。"

第二天，芸芸起床、穿衣服的积极性特别大，完全看不出她以前是个爱赖床的小朋友。

"老师说我唱歌的声音很好听，还教我怎么唱歌！"芸芸得到了老师的肯定，在家把新学的儿歌唱了一遍又一遍。

孩子的情绪与大人的态度密切相关。如果我们没有给孩子积极的暗示，就会发现他对一件事的专注程度在不断减弱，做出的结果甚至一次比一次差——造成这一切的罪魁祸首，不是孩子本身，而是没有给他足够支持的父母或其他教育者。

多使用肯定语言，可以让孩子更多地感受到长辈的爱。

Part. 3　使用肯定语言有技巧

当孩子做得很好时，你是怎样表扬他的？

"好孩子。"

"你真是太聪明了。"

表扬孩子时，要把陈述词语集中在孩子的行为上，而不是他本身的特征上，这样说才对："我可以肯定地告诉你，你做的手工很漂亮，真棒！"不要老是说："你太聪明了。"

相关研究表明，当孩子因为努力受到表扬而后来遇到困难时，他会更积极地思考并不断尝试；然而，当孩子总是被告知他有多么聪明，一旦遇到困难，他很可能会退缩。

为什么会这样？当有些家长称赞孩子的智慧时，会这样说："哇！你很聪明，一定行！"孩子就会相信自己在生活和学校中取得的成就来自天赋，是一种无法靠后天改变的东西。这很容易让孩子对自己产生错误的认知，进而无法以正确的态度对待挫折或者可能遇到的问题。

当家长称赞孩子的努力时，说："哇！你真的很努力！你做得很好，我为你所付出的努力而感到骄傲！"这种话语，就是在帮助孩子相信他的成功来自于自己的行动。这让孩子更有底气去尝试和改变，因为努力远远比"聪明"更能让孩子产生自我认同和自信。这是一种可控的，可以通过自己的行为去提升的能力。

多使用肯定语言，增加孩子的自我认同感。让孩子在关爱中成长，他会更有自信，也更有创造力和想象力，建立起更加完善的人格。

▶ 避免语言暴力，创造信念差距

在培养孩子语用能力的过程中，创造信念差距能增加孩子的自我肯定，让他更快地学会语言运用的技巧，更乐于练习这些技巧并跟家长沟通。

所以，我一直强调，家长要避免语言的暴力行为，多给孩子一些正面回应，让他有主动性。家长越是选择唠叨、责骂、逼迫的方式施加外界压力，让孩子被迫选择，他越容易产生反感情绪。家长这种有意或无意使用的暴力语言，除了会降低孩子的专注力和好奇心，还会打击他的自尊。

仔细想一想，你的孩子是不是越打骂，他越不专注？就算强迫他去做一件事，肯定也不如他自己主动去做的效率高。

Part.1 决定成就的信念差距

有时候，我觉得自己仍然保留着儿时的部分特点，比如逆反心——对一件我愿意去做的事，如果有人在耳边一直强调、催促和约束，我反而会产生抗拒心态。

其实，我并不抗拒去做这件事，意味着我已经有了实现和自我肯定的倾向。但是，一旦这件原本可以主动做的事，看起来成了在别人催促下不得不为之的行为，我会觉得主动实现的信念感被轻视了，自我肯定也随之消失。

这种常见的逆反心态，或许就是信念差距的体现。

信念差距，是孩子心理上对自我评价和实际情况之间的差距。语言教育也好，其他文化教育也罢，维持心理和实际之间的信念差距十分重要。

当孩子有了"我很不错""我得到了肯定"的意识，拥有了"我可以变得更好"的信念感，他往往会接受这一暗示，向积极的方向转变。当下社会，许多有成就的人都受到了儿时信念差距的影响。

"女儿从小就很乖，就算有什么不愿意做的事，只要我让她试试，她都愿意做。"王蕊这样说，"但是她很不容易集中注意力，经常发呆。有一阵子，我甚至一直监督、训练她，也没有产生好的效果。"

王蕊通过观察，发现女儿可能的确想听话、专注地做事，但只要是她不喜欢、没兴趣或者枯燥的活动，就算她想专注也根本做不到。

我告诉王蕊:"有些枯燥的事情连大人都受不了,更别说孩子了,就算她强迫自己也做不到。"

那怎么办呢?

改呗,改变家长的教育方法,让家长从强调专注力改为鼓励孩子做有兴趣的事。孩子有了积极性,自然会沉迷于自己喜欢的事情中。

王蕊的做法,就是给孩子信念感,不断给她积极的回馈,在沟通中告诉她——

"你在这方面做得很好!"

"你的想法很不错,为什么不试试?"

"你可以做到!"

信念差距是父母的语言暗示形成的,一旦孩子对自己的未来更有期待而形成了信念差距,他将激发更大的动力。

Part.2 避开语言暴力的陷阱

与塑造信念差距相反的行为,就是沟通时用的语言暴力。无理由的否定、消极对待、不予回应的态度、动辄斥责的反应,都是语言暴力的一种。在亲子沟通中,我们一定不能使用语言暴力,要给孩子创造积极的信念感。

"不管什么事,交给你来做总能搞砸。"这类的埋怨,基本都是无理由的否定。还没有去做具体的事情,家长却一贯以这种态度回应孩子,即便只是开玩笑,也会挫败孩子想被肯定的心，降低他的自我评价。

"随便你，你自己去玩吧。"这属于消极对待。虽然家长没有明确打压孩子的行为，但表现得十分冷漠，让孩子无法获得积极的反馈，觉得再继续沟通下去也是索然无味。这样，他下次可能就没有这么强的表达欲了。

还有的家长直接以沉默应对，把孩子的沟通需求丢在一边不管，最多回应一个"哦……"就完事了。这种情况，经常出现在家长自顾不暇的忙碌时间，哪里还顾得上照看孩子的情绪。

其实，针对这种情况的解决方法也很简单。家长对孩子即使做不到有求必应，哪怕只是一句简单的回答就可以了——"好，等我几分钟……""等我处理完手头上的事……"因为，"回应"对孩子起到的肯定意义非常重要，很影响他的沟通欲望。

"你怎么总是不听话，都说了现在没有时间，还不听？"有时候，家长实在没有办法，就容易发火。发脾气是比较明显的负面情绪传达，影响不必多说，大家都了解。

亲子沟通时，发脾气不能解决问题，只会给孩子的再次表达设下难度。我们可以通过约定时间后再给一个奖励等方式解决，但不要在语言上发泄自己内心的不满。

Part.3 告诉孩子该做什么，而不是不该做什么

给孩子创设信念差距，是让孩子在做事的时候保持积极性和主动性，家长的暗示应该是正面的——告诉孩子怎么做是对的，而不是总在唠叨"不要这样""那样不行"。

比如，你这样告诉孩子："今天的天气很好，爸爸可以带你出去打球。"接下来，你不能说："打完球回来，不能再玩游戏了。"这样，孩子听到后只会为了能打球而开心，不会想到不能玩游戏的苦恼。

多释放出肯定孩子的信号，告诉他"适合什么""可以怎样"，避开对否定信息的输出。有时，虽然达不到满意的效果，但在孩子的心理上将起到积极的推进作用。

信念感的存在，将产生持续不断的语言力量，能帮助孩子变得更好。

第四章
闲谈中的语言技巧

语言就是一架展延机,永远拉长感情。

——福楼拜

▶ 目的性语言与闲谈

语言学家将父母和孩子之间的交流分为两种：一种是必要的、生活中不可避免的交谈，一种则是没有具体目的的闲聊。这两种语言对孩子来说都非常重要，甚至后者还可能成为拉开语言环境质量的关键因素。

前一种交谈方式，在每一个家庭中都是必然会出现的，而后一种则取决于家庭成员的沟通密度和深度。因此，语言环境的差距也体现在闲聊的方式上。

Part. 1 区分目的性语言和闲谈

晚饭时间到了，爸爸做了一桌子好菜。妈妈去叫晨晨吃饭，推开卧室门，她看到晨晨正坐在地板上玩小汽车，就说："爸爸已经把饭菜做好了，快点儿起来吃饭啦！"

晨晨赶紧把小汽车一丢，爬起来就往外冲。妈妈眼疾手快地抓住他，说："你先把这些小汽车收拾好再吃饭，要养成整理物品的好习惯。"

"好的，我这就收拾。"晨晨把散落一地的小汽车放到收纳箱里，然后才洗手吃饭。

吃饭的时候，爸爸问："今天的菜，好不好吃？"

晨晨夹着一块糖醋排骨吃得满嘴流油，开心地说："太好吃了，爸爸的厨艺是最棒的！"

在这段对话中，妈妈对晨晨做出的必要指示就是目的性语言，如"快点儿起来吃饭""把小汽车收拾好""养成好习惯"等，这都是为了让晨晨做出相应的举动，有具体的目的指向。如果妈妈不跟晨晨进行这些交流，就无法传达必要的信息。因此，这部分目的性语言在任何一个家庭中都不可能被删减，具备一定的共性。

而在饭桌上，爸爸问"菜好不好吃"，就没有明确地指向哪一道菜，不需要晨晨做出具体的对应举动。这就是一种不必要的闲谈，根据父母的性格、所处环境的不同，闲谈的内容和出现频率也会有很大的差异。

这样，我们就能分清楚目的性语言和闲谈的区别了。

Part.2　不同语言的功能

无论是有无具体目标的语言，都蕴含着引导和教育的力量。使用目的性语言，优势在于可以准确地传达重要的事务信息，语言的重要性较高，孩子会比较重视。而早期，幼儿学到的词语大多来自目的性语言。

"坐在这里别动！"

"起床，要上幼儿园了！"

"在图书馆里，不能大声喊叫！"

"去跟小朋友一起玩！"

前面我们说过，语言的工具性，是促使我们学习它的重要动力，对幼儿来说也是如此。所以，实用的目的性语言，让孩子能听懂父母的指令并做出正确的反应，他在自己重视的情况下学得也很快。

多使用目的性语言跟孩子互动，能帮助孩子快速认知高频词，建立良好的交流基础。但是，这并不意味着闲谈就不具备重要性。

从孩子牙牙学语，到他能有逻辑地表达自己的想法，家长一直都在与他闲谈：

"妈妈的小宝贝，今天在幼儿园做了什么呀？"

"今天的天气真好，你看外面的天空多蓝。"

"你喜欢去公园玩吗？"

"如果我是你，我就会穿那件黄色的衣服，它更好看。"

……

目的性语言，一般聚焦一个具体的事物或动作，缺乏修饰性的语言信息。这就像一日三餐中的主食（米饭），虽然不可或缺，但不配菜就无甚滋味。

父母的语言

闲谈则是丰富多彩的，具有更多的主观意识，能让孩子体会到聊天时情绪和态度的转变，学到更丰富的修饰词汇。所以，随着孩子的年龄增长，生活中需要使用的词语越来越多，只有逐步增加闲谈的比例，才能丰富孩子语言运用的场景。

Part. 3　闲谈增加语言的反复和推拉

我们已经讲过与孩子沟通的重要性和如何安排对话，因为语言学习就是要在具体的使用情景下才能进步。而亲子对话，是最容易引起孩子好奇、增加语言学习主动性的方式。

一般来说，目的性语言带来的推拉和反复互动比较少，一旦跟孩子聊得久了一点儿，就必然步入闲谈的范畴。

有个成语叫言简意赅，形容人说话只说重点，所以语句简洁准确。反推可知，在交谈中必须传达的信息只占聊天很小的一部分，尤其是孩子能完成的行为本来就很简单，需要跟他交流的事情用一两句话就能概括：

"快起床啦。"

"穿上鞋，下楼。"

"放学后，我去接你。"

……

这时，创造语言的推拉机会就必须着眼于闲谈。多跟孩子聊一聊生活中的小事，不必管他能否听懂，能否跟你有来有往地交谈，只要说出来就有意义。

▶ 接下来,是闲言碎语时间

"宝宝要乖乖躺在床上,妈妈要打扫卫生了。"
"你在看什么呀?是喜欢这个小兔子玩偶吗?"
"你总是冲着窗外眨巴眼睛,外面到底有什么好看的呢?"
……

此时,还不会说话的婴儿睁着大眼睛,尽管他还不会控制自己的嘴巴回应妈妈的话,甚至不理解妈妈到底说了什么,但这并不妨碍他捕捉到"说"这个动作,并感受到来自父母的关注。所以,他笑了。

"哎呀,宝宝笑了,笑了。"
"咱们家的小宝贝笑起来可真好看,一双眼睛长得跟妈妈一样漂亮。"
……

这是不是一个令妈妈(爸爸)感到熟悉的场景?

尽管6个月以下的幼儿不能对父母的话语做出回应,但宝宝总能带来数不尽的热情,支撑着年轻的爸爸、妈妈对着初来

父母的语言

乍到的小生命互动起来：会在宝宝无意间捣蛋的时候，送出几句埋怨和唠叨；会在逗宝宝笑的时候，跟他进行肢体和语言的互动；也会在给宝宝换尿布、洗澡的时候，打趣要在将来给宝宝看他的"黑"历史……

尽管我们一直进行这样的闲谈，但在真正讨论"闲谈对孩子的大脑发育和语言发展是否有意义"时，也会产生怀疑。

很多父母认为，每天随机跟孩子打趣生活和日常，好像远不如在孩子面前反复重复"妈妈""爸爸""吃饭""睡觉"，这些词语更能让孩子快速掌握。

"孩子那么小，根本听不懂大人的话。"有的妈妈说，"必须要用简单的短语才行。"

真的吗？

当我们把目光放远，不再仅仅着眼于孩子开始说话的那段时间，就会发现来自闲谈营造的聊天情绪氛围和丰富的日常词汇，对孩子的成长有不可忽视的益处。

如果你觉得自己不太擅长逗孩子，或者觉得在闲谈上没有天赋，可以根据下面几个场景找到自己的闲聊灵感。这不仅能让孩子的语言环境变得更丰富，也能让你对生活的观察更深入、感悟更细致。

Part.1 非目的性的闲谈能建立社交意识

跟目的性语言比起来，闲谈是随机的、情绪化的，甚至可以以哼歌的方式出现，如：

"太阳当空照，花儿对我笑。早啊，小宝贝！"

"这束粉色的玫瑰花，真漂亮！"

"今天的天气好热，不想出门。"

如果在生活中，我们秉持非必要不说话的原则，只说那些目的性的语言，孩子的词汇量会大大减少。尤其是在当今社交的需求下，能否生动、准确地表达自己，就取决于对闲谈的掌控力度。

社会中的人际交往，不总是局限在提出需求和解决需求上。会表达自己的人，能灵活运用各种生动的词汇或创设一些有趣的情景进行描述、对比或联想，还懂得体察氛围做出准确的应对，这都让说出口的话变得恰到好处。

而这些，绝对不是通过"宝宝该喝水了"这样干瘪的词汇环境能够构造的，我们需要让孩子在愉快交流、有气氛的谈话中成长。这样来看，以非目的性语言为主的闲谈就显得至关重要。

Part.2 观察和描述家人的行为

当宝宝在床上伸了一个懒腰，看起来非常可爱的时候，也许家长有一些话想说。

"宝贝伸懒腰了。"这是爸爸简单的行为描述。

"宝宝的小胳膊伸出来啦，看起来很有劲，拳头攥得这么紧，是想快点儿学会爬吗？哎哟，小腿也不老实，还在蹬来蹬去的。"这是观察孩子的行为后，妈妈进行的详细描述。

也许有人觉得妈妈的话有点儿啰唆，但宝宝可以在这个对话过程中接触到伸、攥、爬、蹬等动词，有劲、紧、不老实等形容词。在说话的时候，很多家长还会轻点孩子四肢的对应位置，能让宝宝意识到妈妈是在说什么。

孩子对信息的获取主要来自视觉和动作，平时父母的行为，是孩子能看到的主要对象。当我们不知道聊些什么，就可以通过描述家人的行为开始，配合对应的动作，更能帮助孩子理解词汇的意思。

Part.3 形容环境或物品特征

在儿童时期，几乎每个孩子都有自己喜爱的毛绒玩具。

"柔软""毛茸茸""舒服""颜色柔和""感觉温暖""适合抱着"……一个陪伴孩子入睡的毛绒小狗玩具，也可以有很多对此进行形容的词汇。

小狗玩具对孩子来说，可能还有一些特殊的意义，如"狗狗朋友""小伙伴""最爱的玩具""小枕头"……玩具或许是棕褐色的，或许是白色的，可能有短毛，也可能是棉花填充物，但都有各自的特点。

在孩子玩耍、摆弄小物品的时候，父母说出它的特征，用它逗逗孩子，以此产生互动也是很好的闲聊话题。

"你怎么又抱着小狗啃来啃去,你的口水都沾在上面啦,羞羞。"

很多例子表明,听到来自妈妈的打趣,就算几个月大的孩子也能感受到其中模糊的意义和情绪,并做出积极的应对。这也说明,孩子能很快听懂大人的闲谈话语,并从这种氛围中快速建立语言认知。

而对 2~5 岁的孩子来说,他对语言的认知更深刻,这种打趣和闲聊还能诱发孩子对话的欲望,促进他多表达交流。

"闲言碎语",比你想象的更重要。

▶ 聊天时少用代词,孩子理解得更快

有人说,成为父母就是逐渐失去个人标签的过程。你的名字在外人眼里,会逐渐被"东东妈妈"或"东东爸爸"替代,甚至连你的长辈也会变成"东东的爷爷/奶奶/姥爷/姥姥"……

当然,我们不赞成为了孩子而失去自我,但你有没有感到好奇——绝大多数家庭,为什么都逃不开这样的标签趋势?难道每一个家庭都如此相似吗?

"东东爸爸""东东妈妈"这样的家庭化标签,为什么会在有了孩子之后频繁地被使用呢?这背后,可能跟孩子对词汇的认知局限性有关。

Part.1　拒绝混乱的称谓

称呼,是孩子在这个世界上最先认识的主要词汇。绝大多数家庭里,孩子第一个说出口的词语,必然是对某个家庭成员的称呼,这与人是高级动物的本能有关。

大自然中,动物幼崽遭遇危险时急需来自长辈的保护,其急促的叫声,就是天然呼唤妈妈的声音。所以,人类的宝宝当然也先学会叫爸爸、妈妈。

这一阶段,孩子会分别给家庭成员冠以一个固定的称呼,他能把"爷爷""奶奶""爸爸""妈妈"对上号,但很难明白"爸爸的爸爸是爷爷",一旦称谓太多就容易弄混。

林如至今还记得,女儿美茵在小时候经常被称呼搞得晕头转向。

林如跟丈夫喜欢叫女儿的小名"茵茵",但孩子的奶奶喜欢直接叫"宝宝",姥姥就更有意思了,经常把"宝宝""小丫头""宝贝蛋""小坏蛋"之类的词混着叫。

很长一段时间内,美茵只能记住一个名字。叫她"茵茵"时,她就会转过头来,用眼神示意"叫我干啥"。但是听到"奶奶的宝宝在哪儿"的声音，她只会窝在一边继续玩自己的，根本意识不到奶奶是在叫她。

一次，美茵听到妈妈在喊一个人的名字，就瞪大了眼睛左看右看。林如好奇地问："家里就三个人，你在看什么呀？"

美茵像煞有介事地皱着眉，问："刚才妈妈喊的那个××（林如的丈夫）是谁啊？"以前，林如在家都喊丈夫为老公，没有喊过具体的人名。

林如每次想起这件事，都觉得很好笑。

孩子两三岁之前，对称谓的认知比较混乱，这时候最好固定一个称呼不变，让孩子先把指称名词和具体的人或物对上号。所以这段时间，很多家庭成员彼此的称呼都以孩子的视角出发，也就催生了大量的"东东爸爸"和"东东妈妈"。

这样一看，每个家庭成员背后称谓的变换不仅有其共性，也有一定的道理。

Part.2　闲谈中尽量少用代词，促进孩子理解

伴随孩子的成长，他对称谓的理解会更灵活，逐渐可以将一个人与多个称谓对应起来。

但是，这并不意味着孩子就能顺畅理解所有的代词，对"他/她/它"这类代词，有的孩子需要建立一段时间的认知，还有的孩子能理解但反应会慢不少。所以闲聊时，我们要尽量少用这些代词，甚至可以多次重复某个称谓。

父母的语言

你可能会觉得这不符合语法，说起来有点儿别扭，但对孩子来说，能最快理解和消化的词句，就是最有意义的。

比如，妈妈说："宝宝，爸爸正在书房忙工作，他答应了，等他有时间就带你出去玩。"

去掉代词之后，可以说成："宝宝，爸爸正在书房忙工作，爸爸答应了，等爸爸有时间就带宝宝出去玩。"

前一句话中，出现了两个角色和各自的代词，"爸爸"和"他"指一个人，"宝宝"和"你"指一个人。对一个 2～3 岁的孩子来说，听到这样一句话要稍微反应一下才能明白是什么意思，这个反应过程就意味着思维迟滞。

而在第二句话中，只有两个角色反复出现，孩子可以更直观地听懂这句话的意思。

闲谈的主要目的，是让孩子听到更多的词汇和句子，刺激孩子产生交流的欲望，而不是让孩子上语法课。所以，父母的表达方式要尽可能简单一些，让孩子能跟上父母的思路。

这种情况下，父母尽量少使用代词，提高孩子对语言的处理速度，能让他更顺畅地理解、表达，变得乐于交流。如果过多使用代词，让孩子听得糊里糊涂，他会很快丧失聆听的兴趣，那你还怎么跟孩子愉快地聊天呢？

▶ 日常闲谈，不要替孩子创设答案

这个世界上的问题，一定都有标准答案吗？

当我们跟孩子闲聊时，经常会被孩子问到"十万个为什么"。对这些五花八门的问题，家长经常被搞得哭笑不得，不知道如何回答。

其实，不是每个问题都要有固定的答案。日常的闲谈，最重要的就是自由探讨，不要给孩子创设答案，这才是最好的应对方式。这样，家长的难题也就迎刃而解了。

Part. 1　**不是每个问题都要有标准答案**

傍晚，科科一家人在小区的公园里遛弯。科科突然指着天边的云彩，对妈妈说："妈妈，你看，那朵云看起来特别像一个线团，圆圆的、毛茸茸的。"

妈妈刚想跟科科讨论一下那朵云的形状，爸爸却说道："怎么会像线团呢？你应该说云彩看起来像棉花啊，或者像一大块棉花糖。"科科听了爸爸的话之后，虽然点头说那朵云也像棉花，但没有一开始那么开心了。

父母的语言

妈妈见了，就对科科说："你比爸爸想象的更好呢，这朵云彩圆圆的，真的特别像线团！"妈妈觉得，不应该束缚孩子的想法，尤其是这些天马行空的问题，为什么一定要给它套上一个标准答案呢？

生活中，我们常常会发现有些孩子就像科科一样，提出各种各样奇怪的问题，或者对问题进行你完全想象不到的诠释——一个规规矩矩的问题，他能给你提供上百个不一样的答案。

很多家长面对这种情况，第一个想到的就是让孩子用"正确"的答案回答，把孩子拉回到大人思维中的轨道上。

就像科科爸爸所说的，在大人的世界里，云彩就像棉花一样。可是，为什么云彩不能像其他东西呢？为什么要给孩子的回答，规定一个标准答案呢？就好比云彩像"棉花"这个答案，不也是由某个人想出来的，难道这就是"标准"和"正确"的？这种刻板的答案，很容易束缚孩子的思维。

2~6岁的孩子正处于思维的构建、发展过程，他的思想和未来都有无限可能。所以，我们不能把大人世界的规则与答案过早地灌输给他，要让他产生自己的认知和判断，不能由家长告诉他该怎么做、怎么做是对的。这样，孩子的创造力、想象力和思维模式，才会有良好的发展。

Part. 2　讨论开放性话题，多与孩子沟通

多与孩子讨论一些开放性、本来没有标准答案的问题。这可以让孩子的思维更加灵活，他也不会被常识阻碍联想能力。比如：

"月亮上到底有没有嫦娥？"

"你觉得嫦娥会长什么样子？"

……

这样的问题，本就没有标准答案，可以让孩子自由发挥来回答。尽量不要与孩子讨论有常规答案的问题，如"天是蓝色的""小草是绿色的""1+1等于几"等。

如果孩子对你提出反问，不要直接给他答案，而是尽量一起作答。这可以促进孩子思考，引导他自行探索并得出答案。

孩子问："为什么阴天了就会下雨？"

妈妈可以说："那你觉得雨水是从哪里来的？"

"天空为什么会阴呢？"

"乌云里面有什么？"

……

妈妈提出这些问题，引导孩子自己去想，然后做出回答。

Part. 3　可以提供科学的答案，也可以天马行空

让孩子在学前阶段充分地"玩耍"，并不是一种不科学的

父母的语言

方式阻碍孩子的成长，恰好是能让孩子成长的科学方法。

这样，家长可以给孩子普及一些科学常识，也可以传达一些"天马行空"的信息，多跟孩子"不着调"地玩。

我的习惯是，在闲谈的语言引导中让孩子发挥想象力，然后再视情况进行科学信息的普及。

对孩子来说，科学的答案虽然能拓展知识面，但不利于他锻炼想象力和创造力。所以，我在跟孩子聊天时，不急于告诉他答案。

孩子问我："水为什么会沸腾？"

科学的解释是："水到100℃的时候就会沸腾，然后变成气体。"

这个解释只是传达给了孩子固有的信息，没有让孩子产生自己思考、联想的过程。所以，家长不要急于告诉孩子答案，要让他自己去想象。

经过我的提示，孩子仔细想了一会儿，才说道："水是一个小世界，里面的小家伙太热急着逃走，它们挤来挤去就沸腾了。"孩子的这种想象，不是也很有意思吗？

总之，家长不要直接把常规问题的答案抛给孩子，多让孩子自由想象，还能锻炼孩子的语言能力。

开放式提问,提升互动的主动性

王怡最近遇到的最大问题是,自己的孩子太沉默了,一点儿表达交流的欲望都没有。为此,一有机会,她不得不绞尽脑汁跟孩子创造话题。

王怡:"今天去奶奶家了,你开不开心?"

孩子:"开心。"

王怡:"爷爷是不是带你去鱼塘钓鱼了呀?"

孩子:"是。"

王怡:"你是不是见到了邻居哥哥?"

孩子:"见到了。"

无论妈妈问什么,孩子都很乖巧地回答,并非不配合,可话题就是很难展开。王怡忍不住了,又问:"那你有没有什么要跟妈妈说的呢?"

孩子回答得更加干脆:"没有。"

王怡很苦恼,孩子不爱说话,难道是他的性格决定的?

Part. 1　不要给孩子提封闭式问题

王怡可能忽略了跟孩子交流出现问题的根源在哪里——她的提问，压根没有给孩子留"说话"的余地。

当我们问出"是不是""行不行""能不能"这样的问题时，其实就把问题从"填空题"变成了"选择题"，留给孩子的回答范围很窄，只有"是"或者"不是"两种。所以，孩子被这样的提问禁锢住了，很难发挥出自己的想象力，更没有表达欲望。

这就是封闭式的问题。比封闭式问题更加禁锢孩子思想的，则是有引导性的问题，如"你该不该遵守纪律""你是不是应该道歉"，答案则从二选一变成了一个——孩子只能回答"应该""是"。

同时，请家长尽量避免"不具体之问"。

什么问题是不具体的？比如，王怡问孩子"有没有什么要跟妈妈说的"，这就是不具体的问题。孩子回爷爷、奶奶家玩，经历了许多事，如果提问的问题不具体，受年龄和表达能力所限，他很难构建出有逻辑的语言来描述整个活动，反而容易逻辑混乱。

王怡想了解孩子在爷爷、奶奶家做了什么，可以这么引导着问：

"今天去钓鱼，爷爷都是怎么操作的？钓了几条鱼？"

"你碰见邻居哥哥了,是吧?你们一起玩了什么呀?"

"在奶奶家,中午吃的什么菜?有鱼吃呀,太好了。那晚上呢?你最喜欢吃哪道菜?"

有了回答的方向,孩子就知道该怎么说了。这种引入,还能引起孩子的表达兴趣与欲望。

等亲子交流养成习惯后,下一步就是引导孩子主动表达的阶段。只要引起孩子的兴趣,你还用担心他的小脑瓜子里没有想说的话吗?

Part. 2　可以在发问中多做假设、举例、比较

文学作品中,假设、例子和比较都是丰富作品内容的表达方式,放在与孩子的交流中也是一样。通过加入假设、例子和比较的提问,能够让孩子的思维更开阔、联想更丰富,表达能力也有所提升。

王怡可以围绕"跟爷爷钓鱼"这件事,这样跟孩子交流:

"如果今天是你在钓鱼,你会怎么操作呀?"

做假设,就是在发问时寻找一个"假如情况是这样,该怎么做"的切入点,让孩子从假设的角度出发,天马行空地想象。这种思考不需要基于现实,能让孩子的思维少一些拘束,更是有话可说。

"你最喜欢做什么?比如,爷爷最喜欢钓鱼,钓上鱼让他

很开心。如果是你,你做什么会很开心呢?"

举例子,就是提问时多举类似的例子,能让孩子迅速地理解比较深奥的问题,产生联想。

"爷爷擅长钓鱼,就像你擅长捏橡皮泥一样。爷爷是咱们家最厉害的钓鱼能手,你是咱们家捏橡皮泥最厉害的。"

做比较,则是尽量让孩子去比较两件有相似点的事物。这个比较的过程,能让孩子更清楚地认识到事物本身。

Part. 3　引导孩子描述事件的六个要素

对于已经发生或即将发生的事情,可以多引导孩子对可能性进行思考。

比如,已经解决的问题,对孩子还可以问"还有其他方法处理吗";已经在发生的事,可以对孩子问"可能产生什么结果"。这样,可以让孩子的思考更加全面,增强思维的严密性,也给他创造表达自己的机会。

有条理地描述一个事件,往往要从"何时、何地、何人、发生了何事、原因、过程"六个方面入手——这也是新闻描述的六要素。只有说清这六个要点,一件事才可以被简明地说清楚。

培养孩子的语言能力,也要从这几个要点出发。我们提问时,可以有意识地引导孩子囊括这几个要点,时间久了,他就能自行体会这几个要素的逻辑性,在自我表达上更有条理。

第五章
用动词和形容词修饰孩子的语言世界

只有在认识透彻的时候,才能够说出清晰的、有力的语言;只有在感情激越的时候,才能够说出新鲜、感人的语言。

——秦 牧

▶ 孩子最早学会的那些词语

语言学领域一直有个说法,当孩子认识了 50 个词后,他就会开始尝试组织句子来表达自己的想法,他的语言发育将进入下一个阶段。

这 50 个词,孩子要怎样组织才能表达清晰呢?它体现了孩子怎样的思维,又能给我们的语言教育带来什么启发?

Part. 1 语言,从场景中逐渐走出来

最开始,孩子眼中的语言不是孤立的词汇,而是跟某个特定的场景结合在一起、从属其中的一个元素。

妈妈抱着宝宝,唱着歌哄他睡觉,然后说:"宝宝睡觉,乖乖睡觉。"

对孩子来说,"睡觉"这个词不是孤立的某个动作,而是跟妈妈的拥抱、摇晃、耳边响起的歌声结合在一起的,属于这个场景的某个细节。

这一时期,孩子不明白语言的含义,也不会使用语言。你说的每个词,跟推拉婴儿车时发出的咯吱声,或者摇铃铛时发

出的叮咚声没有什么区别。那怎么才能引导孩子意识到"语言"的存在,让语言从场景中走出来呢?

在不同情景下不断重复这个词,让孩子意识到它不仅仅出现在某个整体环境里,还有属于多个情景的共同之处。

当宝宝发现,妈妈指着趴在沙发上闭着眼的小狗会说"狗狗睡觉",妈妈关灯后躺在床上也会说"妈妈睡觉",他就会将"睡觉"这个词从具体的情景中提炼出来,认为它属于这些场景中表现出的共性事物——所说对象都在躺着,并闭上眼睛在休息。

宝宝对称谓的认识也是这么形成的。当他接触到一名温柔的女性而不由自主想起"妈妈"这个词时,他就会逐渐意识到"妈妈"与具体对象的联系。

所以,要让语言从场景中走出来,就要在不同的情境里重复它。只有创造丰富的、不断变化的语言环境,才能让孩子尽快意识到"语言"与"场景"的不同。

Part.2 最初学会的词:名词、动词和形容词

当语言从场景中走出来,我们就可以给它划分类别了。语言学家尼尔森通过观察孩子的语言特征,对儿童最初学会的那些词语进行了分类。

名词:指向某个具体对象,如"爸爸""妈妈""床"等。

动词:表示某个具体的行为或者指令,如"坐""躺""走"

"上""下""吃""喝"等。

形容词：进行修饰或描述，如"干净""柔软""红色""香香""漂亮""圆圆的"等。

断定词：表示某种交际活动中的态度，如"对""错""可以""不能"等。

尼尔森对这些词进行划分之后，发现不同类型的词所占的顺序和比例都不同。

孩子最先认识的词中，占绝对优势的是名词，他会先认识身边的人和物"是什么"；其次是动词，孩子大多会将注意力放在吸引他的动作、响动上，喜欢热闹的场景，所以对动作的捕捉更灵敏；再次是形容词，意味着孩子不仅能观察周围的环境，还会总结出共同点，知道它们各自用什么词来表示；最后是表示态度的断定词，一般只需几个词就能表达清楚孩子的想法，相对比较简单。

Part. 3 逐步扩大修饰词的占比

语言运用中，名词不可以修饰任何词，但是动词和形容词都可以作为修饰词来用。修饰词的存在，可以增加语言的生动性。

说话生动的人，一定会灵活运用精巧的动词和准确的形容词。所以，从最早学会的那些词语开始，在孩子交流的语言中，修饰词的占比一定会逐渐增大。

嘟嘟很喜欢拍皮球。一开始，他的表达能力比较差，每次都结结巴巴地对妈妈说："玩，玩……球球。"

嘟嘟不管形容什么玩具，都用"玩"这个词。妈妈也不着急，一边做出拍打皮球的动作，一边告诉嘟嘟："好，妈妈带嘟嘟去拍皮球。"

当嘟嘟拍打皮球的时候，妈妈就在旁边"直播赛况"："拍球球，打球球，让球球从地上弹起来。"

时间久了，嘟嘟就会使用更准确的语言来表达自己的要求："拍球球，嘟嘟要拍球球，软软的。"

虽然嘟嘟说的话中只是多了两个词，但是拍皮球的动作、手感都被传达了出来，更容易让人想象到嘟嘟拍球时的样子。

所以，认识名词只是建立对世界的基本认识，不同事物之间的关系、事物的状态和变化都需要用修饰词来形容。这就要求家长教会孩子使用更丰富的动词和形容词，锻炼孩子对修饰词的认识和使用能力，这样他才能灵活、生动地运用语言。

▶ **动词越准确，语言质量越高**

有一年，当我开始养多肉植物时，不知道被多少人叮嘱

父母的语言

过:"不要浇太多的水,这种植物就像仙人掌一样,浇水多了就会徒长。"

"徒长",是大家形容多肉植物的一个词。有时候浇水太多了,多肉的茎秆拉长,叶子之间距离变大,长得高高的反而不好看。

对很多植物来说,勤浇水才能维持良好的长势,对多肉植物反而不适用了。养育孩子也是如此,家长自己认为好的教育模式,可能并不适合孩子的需求。比如,给孩子创建高质量的语言环境,那怎样才算是"高质量"?

有时候,复杂的词汇运用、多样的修辞手段,可能都比不上用词准确的重要性,但用词的准确性特别容易被人忽略。

Part. 1　汉语中的轻动词

"做手工""做游戏""做个好孩子"……

你有没有想过,日常生活中经常用到的"做"字,到底有什么具体的意义呢?

中文中,很多字包含的意义博大精深,经常出现一词多用的情况。使用这些词的时候没有什么疑虑,但真要说出它的意思,你可能也要迟疑一会儿。对初学者来说,这就是语言学习的"拦路虎",很容易难倒他。

这些词,有很多是"轻动词"。搞清楚轻动词的概念,能解决我们后面要提到的很多问题。

"轻动词"的概念是在2011年左右正式确定的,在英语中,主要指一些本身意义比较虚、很难说清楚,但使用广泛、在句子里发挥主要功能的词。轻动词一般没有具体的指向性,必须搭配其他动词或者名词才能把意思表达清楚。

　　如果说英语和中文有很大的差异,尤其是语法上的差距,使一些英文中的概念不能拿来套用在中文语境中,那么,有语言学者则将轻动词的分类运用在中文上也取得了较好的效果,让这个概念对我们的研究也有了新的指导意义。

　　轻动词有以下几种主要分类:做(do)、发生(occur)、变为(become)、是(be)、保持(hold)、引起(cause)……

　　有的词在句子里有意义但不发音,这部分此处不再讨论,现在只解释与孩子交流时能明确用到的发音轻动词。比如"做"这个词,还有类似的"搞""弄""打"等很多相似的动词。

　　这些词在不同场景下有不同的解释,必须结合句子中连接的其他动词、名词等才能弄清楚意思。这让我们使用轻动词跟孩子对话时,不免遇到一些问题。这是要注意的地方。

Part. 2　使用意义准确的动词跟孩子交流

　　过年时,李元带着4岁的儿子逛完元宵灯会,准备坐车回家。

　　李元手里拎着包,顺手把儿子一直想要的小兔子灯笼塞给他，说："来，你自己打着灯笼。"

儿子呆了呆，使劲摇头："不打，我不打灯笼。"

妈妈拉着儿子的手，温声教育他："爸爸拎着包，妈妈要拉着你，你自己拿一下灯笼，不行吗？"

儿子很委屈地看向妈妈："可是爸爸让我打小兔子灯笼，小兔子没有做错事，为什么要打它？"

李元听了，哭笑不得："打就是举，就是让你拿着！"

儿子瘪了瘪嘴："才不是呢！"

像李元这位爸爸一样说话，家长有时发现孩子无法理解自己的话，这是很正常的情况。

孩子的理解能力有限，父母首先要把意思描述准确，才能再考虑其他的解释。相比之下，是否使用修辞、改变句型、运用语法，都变得不重要了。

在交流中频繁地跟孩子使用轻动词，就是典型的反面教材。轻动词的意义模糊，孩子听了后也可能会出现理解和表达模糊的问题，这需要对语言有了更深的了解才能运用。对孩子来说，使用一些准确、具体、不容易弄混的词汇就好。

比如"打灯笼"，李元最好以"举灯笼""拿灯笼"之类的词替换；又如"做作业"，可以用"写作业"来替换。

用意义准确的词替换轻动词，能让孩子更好地理解行为的细微差异，以后也能准确地表达自己内心的想法。

Part. 3　表达丰富胜过教孩子死记硬背

要想表达准确，促使我们不得不用更多的动词跟孩子说话。如在户外或公园玩耍，就包含了"跳""跑""滑""摇"等很多动作，而它们经常被家长用"玩"一个字就概括了。

"滑滑梯"经常被替换为"玩滑梯"，跟小朋友"踢毽子"和"跳绳"也可能被简单概括为"玩游戏"……这其实是一种无意识的偷懒，虽然能把意思传达给孩子，但孩子也错失了一次听到新词汇的机会。

日常生活中的亲子交流，是给孩子最好的学习机会。这种有具体场景的教学效率很高，比强行让孩子学习、背诵有意义得多，能让他迅速理解每个词的具体意思，有效加深印象。

所以，动词的准确性，很大程度上决定了我们所创造的语言环境质量。

▶ 做"手舞足蹈"的夸张父母

你有没有觉得，当了父母之后，自己的日常表现也开始不知不觉地变得戏剧化起来——有时说话的语调也变得有些夸张,忍不住用对待孩子那样抑扬顿挫的语气跟家人或者同事说话;有些动作幅度不自觉变得有些夸张,如在宝宝面前"张牙舞爪"或"手舞足蹈"。

意识到这一点,你或许会一笑置之,潇洒地说:"不好意思,家里有小孩,习惯了。"

家长模仿孩子的说话方式,能让孩子更高效地消化话语中的信息。那家长模仿孩子的动作,说话时表现出夸张的动作也有助于教育吗?

Part.1　动作对孩子注意力的吸引

"飞飞,飞飞!"傍晚,3岁的小南又趴在窗户边,被窗外的景色吸引了注意力。

妈妈凑过去看,发现窗户外面安静得很,并没有什么东西。她摸了摸小南的头,笑着问:"宝宝,你趴在这里,有什么好玩的?"

姥姥这时走过来,抱着小南得意地说:"你天天上班当然不知道了,我们小南是在看小鸟呢,是吧?"

小南在姥姥怀里认真地点头,伸出手指着天空中盘旋的小鸟:"是小鸟,姥姥带我看小鸟。飞飞。"

妈妈这才恍然大悟,怪不得孩子看得这么起劲,原来是天上一直有小鸟飞过。

/第五章/ 用动词和形容词修饰孩子的语言世界

1～3岁的幼儿，对活动物体会表现出非常大的好奇心。如果仔细观察，你就会发现很多孩子热衷于观察街上的车辆、树底下在搬家的蚂蚁、天上飞过的小鸟。即便看起来枯燥的场景，只要有活动的物体，他就能津津有味地看上半天。

一旦场景中活动的物体消失或停止了，孩子的注意力很快就会分散掉。这类调查证明，活动物体对孩子的吸引力远胜于安静状态的物体。

同样，当父母的肢体动作丰富时，孩子的情绪也很快被调动起来，更容易被父母吸引。所以，家长如果要跟宝宝交流，吸引宝宝的注意力，摆出夸张的肢体动作的确能起到正面沟通的效果。

Part. 2 用夸张的动作强调词汇的细微差异

妈妈带小南出去玩，路过了一排矮矮的挡车安全栏杆。栏杆的高度在小南的膝盖处，他自己能迈过去。于是，妈妈鼓励小南："这个栏杆很矮，你自己迈过来就好。"

小南试了试，然后使劲抬腿迈了过去，他非常骄傲地说："我能自己跳过这个栏杆了。"

回家之后，小南还跟爸爸和姥姥炫耀了一下今天的"壮举"："那么高的栏杆，我自己跳过去了，没有让妈妈帮忙。"

姥姥立刻把妈妈叫过来教育了一顿："怎么能让孩子做这么危险的事情呢？万一被栏杆绊倒，受了伤怎么办？"

父母的语言

妈妈感到十分委屈，马上回复道："是小南没有说清楚，不是跳过去的，是迈过去的。"

为此，妈妈还专门在家给小南展示了一下什么是"迈"，什么是"跳"。妈妈找来一根晾衣杆横在地上，动作夸张地抬高腿并缓慢地迈过去，告诉小南："这是'迈'。"然后双脚并拢，快速地跳回来，告诉他："这是'跳'。"

小南总算明白了："我是迈过去的。"

一场乌龙，因为孩子对动作词汇的认识有局限性，差点儿演变成家庭批判案。

当我们需要教孩子认识一些很相似的动作，如"背"和"扛"、"拿"和"举"等，就可以将动作夸张化，用大幅度的肢体语言扩大不同动作之间的差别。这样做，孩子能更快地体会其中的区别。

Part. 3　动作夸张具有生动性，带动情绪交流

孩子的语言学习效率受情绪影响很大，在积极的环境下接触语言，他的学习主动性会提升不少。"手舞足蹈"式的肢体动作大多是外放式的，传达热情友好、积极活泼的正面情绪，让表达变得生动起来，也能很好地引导孩子的交流情绪。

这种情绪化的亲子交流，在还不能自控的婴幼儿身上体现得特别明显——

当宝宝的表情表现出明显的困倦或不快时，如果妈妈给他摆出几个"鬼脸"，再配上捉迷藏一样的动作和声音，孩子的情绪会很快被带动起来。

"宝宝，猜猜我在哪儿？"妈妈拿了一块漂亮的纱巾挡在自己的脸前，透过纱巾问小宝宝。

"呀！这是谁呀？"妈妈高高举着手里的小熊布偶，又左右摇晃起来，对着小宝宝问道。

妈妈这些夸张的肢体动作，明确传达"我在跟你做游戏"的意思，让宝宝意识到这是在玩耍，不同于正常交流。这种影响长久地留在他心中，即便随着他的年龄增长也不会消失。

所以，父母夸张的动作，在孩子心中有"放松"的意味，让他愿意跟父母一起游戏、一起互动。

因此，跟孩子交流时，不妨做个"手舞足蹈"的家长，这样能让语言表达更生动、更立体。

▶ 拓展形容词，让孩子加深对生活的体悟

孩子掌握的形容词，跟他获取的丰富信息相比，只是很少的一部分。

父母的语言

从出生开始，孩子就在认识这个世界，感受冬冷夏暖的天气，感受微风轻柔地拂过皮肤，感受浑身被太阳晒得暖洋洋的，感受父母的笑脸和温柔的怀抱。

尽管孩子可能并不懂得冷、暖、温柔之类的词，但不妨碍他会产生认识、记忆和感受。

所以，孩子在不同场景中积累了丰富的对世界的认识，一旦他掌握了形容词的意义，能将词汇和描述的特征对应起来，拓展所认识的形容词数量就变得很容易。

这个过程中，家长要注意让孩子多体会、多感受，注意不同类型词内部的关联性。

Part. 1 先建立对生活的体会，再建立对形容词的认识

形容词，一般用于描述某些事物的特征。如果是孩子还没接触过的事物，就算付出几倍的努力，他也很难理解这个词的意思。所以，学习词汇只是顺带，要注意体会、感受生活细节才是最基础的。

延迟满足孩子的好奇心，让他带着疑惑先去感悟，然后再告诉他答案，这样也可以让孩子记得更牢。

爸爸从朋友那里抱回一只小狗，可把苏苏高兴坏了。他围着小狗转了一圈又一圈，想伸手摸摸又不敢。最后，还是在妈妈的鼓励下，他才小心翼翼地把手放在小狗背上。

"咦！"苏苏只是轻轻地摸了一下小狗，就赶紧将手抽了回来，然后高兴得又蹦又跳，喊道，"小狗，热的。"

"没错，小狗身上热乎乎的。苏苏，你来摸摸，再感受一下。"爸爸把小狗举起来，让苏苏摸摸它的脑袋。

苏苏觉得小狗的毛毛摸起来好舒服，让他想起妈妈之前买的毛球拖鞋。

等苏苏反复感受了几遍，把这种感觉彻底记住了，爸爸才说："小狗的毛毛很柔软，还很丝滑。"

原来，这就是柔软、丝滑的感觉。虽然日常生活中很少用到丝滑这个词，但苏苏还是很快就记住了。

在具体的场景，让孩子先体会自己观察、触摸、嗅闻到的感受，再由家长告诉他这应该怎样形容，孩子对这些词的认识和体会就会很深刻。

Part. 2 通过归纳和重复，理解形容词的意义

形容词可以划分为多个类别，如形容颜色、手感、口味、气味、温度……对孩子来说，学习形容词最大的难度，在于一开始不知道这个词对应形容的是事物的哪个特征。

比如，当我们说"天是蓝色的""苹果是红色的"时，对孩子来说，困难在于理解"蓝色"和"红色"对应的是什么特征，因为他的脑海中只会出现图像化的天空和苹果的形象，不知道形容的是什么。

父母的语言

这时候,你可以把具有同样特征的多个物品拿过来进行归纳,重复你要强调的那个特征:

"苹果,红色的。"

"窗帘,红色的。"

"西红柿,红色的。"

"国旗,红色的。"

……

孩子看到这些不同种类的物品,很容易意识到它们唯一的共同点就是颜色。这也是妈妈多次重复的词,他就能明白"红色"说的是颜色特征。

对于年纪大一点儿的孩子,他的理解能力更强,可以用对比方式让他对词汇的理解更立体。

爸爸教苏苏认识了"丝滑"这个形容词后,又拿来一张砂纸,让苏苏试试手感如何。

苏苏摸了一下,马上收回手:"这种纸能擦伤我的手。"

爸爸说:"狗狗的毛毛是丝滑的,砂纸是粗糙的,它们摸起来的感觉不一样。"

这样苏苏就明白了,这两个词都是形容手感的,不同的东西,摸起来的感觉完全不同。

Part. 3 同类形容词可以放在一起拓展

一开始,理解词汇所形容的特征是最困难的。当孩子理解了这种词对应的特征,可以将同类别的形容词放在一起训练。

比如,教孩子认识颜色时,如果孩子意识到"红色"是形容某一种色彩的词,就可以和他一起玩指认颜色的游戏。

"这是桌子,黄色的,黄色——"

"宝宝的毛巾,是灰色的,灰色——"

"宝宝的小饭碗,是白色的,白色——"

……

因为孩子已经确认了事物的特征,注意力也集中,可趁机教孩子认识同类词。这样做,不仅能避免下次还要给孩子解释色彩词汇描述的特征,也能趁热打铁,在孩子情绪高昂时利用他的专注力拓展形容词的认知边界。

认识丰富的形容词,能让孩子更生动地表达自己的想法,学习词汇的过程也能促进孩子认真地观察生活,养成良好的认知习惯。

▶ 诱导孩子自发创造

营造生动的语言环境，是家长对孩子的"输入"；而诱导孩子自发创造，则是孩子将信息充分吸收之后的"输出"。孩子只有经历了"学习、模仿、创造"的完整过程，才能体悟到语言的妙处。

任何一种语言都具有工具性，它的产生都是为了方便人们交流。所以，孩子必须自发创造出属于自己的语言，才能摆脱父母的帮助，表达出自己内心独立的想法。

Part. 1 双词表达：最简单的创造

孩子在很早的时候就开始进行创造了。当他认识的词汇超过 50 个时，就能通过"双词表达"的方式描述自己的想法或动作，兼顾生动和准确。这就是孩子最初始、最简单的创造。

双词表达是孩子脱离只能说单个词汇的阶段，但对句子的认识和词汇的掌握还很模糊，所以，他只能用组合起来的两个词来表达自己的想法。

"肚肚，饭饭。"这是一个典型的双词表达。孩子先描述自己的状态——感觉肚子饿了,然后说出自己的需求——想吃饭。家长听到这句话,就能立刻领会到孩子的意思。

双词表达,一般是名词+动词、名词+形容词或者动词+形容词的形式。名词,一般指人、事、物或抽象概念的名称;动词和形容词,则是对前面这个名词的修饰,代表其需求或状态;动词和形容词组合时,多半是用后者来形容前者的状态。

所以,双词表达虽然没有完整的句式,但兼具准确性和修饰性——能用两个词说清自己的需求,对这一阶段的孩子来说也是一种挑战。

Part. 2 学会造句:跟孩子玩拆句游戏

度过双词表达的阶段,孩子可以说简单的句子了。2~4岁的孩童能创造的句子一般很短,每句话有实际意义的词汇不超过6~7个。太长的句子,会给孩子增添理解难度,反而不能起到体悟词汇和句子的效果。

所以,用短句子来组词造句,对孩子练习表达最有用。

每天晚上吃完饭开始亲子活动时,家长可以用这种方式跟孩子一起玩拆句游戏。

妈妈说:"今天,我看到了一朵云,飘到太阳的下面了。"

爸爸可以重复这个句式:"今天,我看到了一只小虫子,趴在树叶子上面。"

父母的语言

通过这种重复强调，孩子就能意识到，这个句式是"看到了什么，在什么位置"，进而创造出自己的回答。

"今天，我看到了一片叶子，掉在花盆里。"孩子能这样接话，说明他的思维很清晰。

拆句游戏有个好处，就是父母可以掌握每次要拆的句式，从简单到困难，掌控难度、协调内容，帮助孩子通过这个游戏逐渐学会独立表达。

而且，孩子对语言的学习不像大人，不是单纯地模仿。也由于孩子还没有打好关于语言学习的基础，所以他是不受既有信息约束的——他会一边从外界学习知识，一边自己总结和创造。

在很长一段时间内，孩子会热衷于构建某些新词或者有语言偏好，如对某个动词或形容词的偏爱——"我跑，我快跑才能追上爸爸"。跟孩子玩拆句游戏，就可以在保留孩子想象力的前提下，通过加强模仿，让孩子形成正确的语法认识。

Part. 3 让孩子的创新意识和择语习惯统一

如上所述，孩子的词汇量在很短时间内会得到快速提升。

3岁之前的孩子很容易进入语言混乱阶段，加上他正处于建立语言认识架构的关键时期，他会根据自己的本能和学到的技巧，创造出一些特定的词。

培培的口中，就经常蹦出一些连爸爸、妈妈都没有听说过的词。这天，他突然拉着爸爸说："我想吃球球果，球球果甜，好好吃。"

"球球果是什么？"爸爸想了想，孩子已经上幼儿园了，该不会是他从小朋友那里听说的某种水果，却不小心听错了名字吧？

培培提醒道："就是上次买的那种。"

看来是自己家买过的水果，可是爸爸想破了脑袋，也不知道什么水果叫"球球果"。

还是妈妈回来后，才解开了疑惑："就是你上次买的山竹，圆圆的，他非说是球球果，我都告诉他是山竹了。"

爸爸哭笑不得，对着培培再次强调："你说的是山竹，不是球球果。"

培培吐了吐舌头："我忘记了呀！"

在词汇量暴涨的阶段，当孩子有表达的愿望时，他可能一时间忘了这个词的说法，或者没意识到这个词已经存在，就会自行创造一个词。

在这一时期，孩子的语言系统还在发展，所以非常不稳定，但是他的创造性极其珍贵。要知道，一个成年人对语言的认知和使用习惯已经固定了，不仅很难天马行空地创造词汇，应用既有词汇时也可能备受约束。

所以，我们既要珍惜孩子的创造力，不要否定、打压它，

父母的语言

又要引导孩子建立自己的语言习惯,让亲子交流能顺畅进行。

减少对孩子想法的干涉,多陪伴孩子练习对话,给孩子做好示范,才是父母教育孩子最好的方法。

▶ **适当使用修辞语言,能提升孩子的想象力与美感**

学龄前的孩子,也懂得在语言中使用修辞手法吗?

关于这个问题,许多学者之间有些分歧。有人认为,学龄前儿童使用的修辞手法是偶发的,他并不理解其意义,只是恰好这样运用了而已;还有人认为,学龄前儿童明显具备对修辞语言的认识,这是孩子认知、审美的统一。

其实,这两种说法都没有否定孩子会使用修辞手段,分歧只在于孩子能否明白它的意义。如果家长能适当地拓展孩子在语言审美上的认知,孩子就能自然而然地运用那些优美的语言,哪怕不知其所以然,也是对语言和生活的一种深刻体悟。

Part. 1 从模仿中学习修辞语言

杜梅是一位插画师,有个 4 岁大的女儿盈盈。这天,她去幼儿园接盈盈,正好看到中班的李老师站在门口。

/第五章/ 用动词和形容词修饰孩子的语言世界

李老师拉着杜梅说了一会儿孩子的表现,还着重表扬了盈盈今天给大家带来的"小惊喜"。

"今天,我们班上讨论的主题是'风',让大家感受风吹会是什么样子的,观察被风吹走的叶子、吹动的头发,然后自己说个短句子。"李老师说,"盈盈说,'风像颜料一样,把小树吹绿了'。你的女儿很有语言天赋呀,这都会作诗了。"

杜梅摸了摸盈盈的头发,感觉很骄傲。回家的路上,她问盈盈:"你是怎么想到这么说的呀?"

盈盈很兴奋地说:"我看妈妈每次画画都把颜料画在纸上,小树就绿了。我的好朋友小云说,风像刷子一样,吹到身上痒痒的。我就想,那风要是有颜料的话,不就能当刷子一样用,把小树画成绿色的了吗?"

杜梅明白了,原来老师让小朋友们造短句子,大家都说"风像……一样",在这个句式下面,小云的话让女儿联想到自己平时用画笔画画的样子。

杜梅觉得这不是巧合。如果不是孩子经常观察生活,还学会了正确模仿造句,她是不能误打误撞说出这个句子的。

修辞语言多从生活中诞生。因此,孩子可以多参与提升自身审美能力的活动,如画画、旅游、看展览等,拓展对美学的认知,积累修辞的素材库。同时,通过听家长读的儿童绘本,孩子也可以锻炼自己对文字的审美能力。

然后，孩子开始模仿。虽然他很难创造出有挑战性的句式，但当他具备了一定的审美能力时，听到带有修辞手法有趣的句子，会自然产生新奇感和兴趣，进而就会主动模仿。

家长一定要注意给孩子创造模仿的对象。生活中，可以用有趣的修辞语句来描绘日常活动，给孩子接触新鲜句式的机会，还可以给孩子读一些生动有趣的故事。

Part. 2　强化孩子对修辞性语言的创造兴趣

有语言学家指出，成人的赞赏可以起到强化作用，"孩子会因获得鼓励而努力说出这类词句，使语言较为生动形象"。要让孩子更多地使用修辞性语言，进一步体会语言的美，家长就要给予正面反馈，强化孩子的兴趣。

自从上次李老师夸奖过盈盈，杜梅就发现，盈盈变得热衷于使用比喻句来表达自己的想法，甚至不再局限于"风像……一样"这个固定的句式。

晚上，杜梅给盈盈读绘本时，盈盈看着绘本上的小松鼠，突然说："妈妈，我感觉小松鼠的尾巴像扫帚一样，唰啦啦就能扫起地上的落叶。"

虽然绘本内容中小松鼠的尾巴扫不起落叶，但杜梅还是第一时间给了盈盈肯定："你的形容，真的很棒！"

过了一阵子，盈盈又从电视广告里学到一句"家是温暖的

港湾",一有机会,她就说:

"妈妈的怀抱,是温暖的港湾。"

"我的被窝,是温暖的港湾。"

爸爸偷偷打趣道:"我现在都看不懂港湾这个词了。"看到盈盈的成长,他们鼓励盈盈尽可能多地创作修辞性语言。

Part. 3　引导孩子展开想象

丰富的修辞手法,意味着孩子有很强的联想能力,能抓住事物类似的特点并联系起来,进行出乎意料的趣味想象。对此,家长可以对孩子进行有针对性的训练。

杜梅觉得,盈盈能灵活运用修辞语言,与家长的引导分不开——她是插画师,每天在绘制天马行空的想象场景。盈盈从小就喜欢看妈妈画画,小时候总是问"为什么这么画",稍微大一点了,她还会给妈妈提建议。

"为什么小树上面长出了一颗心呀?"

"这个小朋友怎么坐在云上面,我也能坐在云上吗?"

"妈妈,我长大了能像小燕子一样学会飞吗?"

对这些看起来"不着调"的问题,杜梅总是付出足够的耐心,颇有兴致地跟孩子探讨:"如果你能飞的话,你想飞到哪里去呢?"

"我要飞去幼儿园,在天上看小朋友们玩游戏。"

父母的语言

"那你得长一双大翅膀才行。"

"对,我要长出天鹅那种的大翅膀,就是在公园里看到的那种天鹅的翅膀。"

这种天马行空的想象,没有预设的答案和走向,全凭孩子的思路自由发挥。对此,家长不要否定孩子的想象,他的每一次联想都展现了自己的思维模式,都为修辞性语言的使用奠定了基础。

用好修辞语言,不仅能收获一个小小诗人,更意味着孩子对文字的体悟具备了一定的审美能力,在语言运用上更加生动。

第六章
用日常活动来强化语言场景

思想是花,语言是绽开的蕾,而行动是结出的果。

——比 彻

▶ 不一样的儿童认知图式

"你永远无法赚到自己认知之外的钱",这句话简单直白地说明了认知对一个人发展的约束。儿童的认知范围远远小于一般的成年人,这使他的认知结构——也就是皮亚杰理论中的认知图式——儿童各方面发育还不完善,经常表现出与成人经验预测截然不同的行为和态度。

比如,成年人交流时往往遵循格莱斯(美国语言哲学家)提出的四项会话合作原则,如图所示。

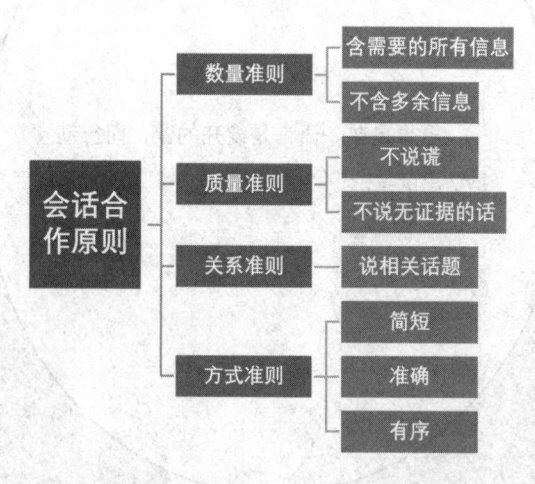

会话合作原则		
数量准则	含需要的所有信息	
	不含多余信息	
质量准则	不说谎	
	不说无证据的话	
关系准则	说相关话题	
方式准则	简短	
	准确	
	有序	

但孩子绝不会按常理出牌,在对话中经常违背四项会话合

作原则,如明显说谎、答非所问或聊不相干的话题。这是因为,人们能否拥有良好的语言运用能力主要是基于其认知水平,语言运用能力提高了,其他认知水平也会得到提升,认识新事物时的思维会更加清晰。但是儿童的认知基础较差,当然会出现语言运用不符合常理的情况。

了解孩子的认知图式特点,能让家长更好地掌握孩子的所思所想,知道某些行为背后的意义,也知道怎样帮助孩子拓展认知。

Part. 1 认知图式中的同化特征

夏天到了,爸爸带阿飞去郊区的农家乐游玩。这是阿飞第一次体验农村生活,这下可开了眼界,左摸摸右看看,一刻也停不下来。

不远处,一位老伯伯赶着一群小羊走了过来。阿飞好奇地瞪大了双眼,这是他第一次亲眼看到这种神奇的动物,心中有些疑惑,那是什么呢?

阿飞想了想,指着走在最前面的一只小羊,激动地对爸爸说:"这是狗狗,对,好大的狗狗呀!"

阿飞不认识小羊,按照成年人的思维,他应该去问"这是什么动物",而不是直接进行错误的判断。但是儿童的认知图式具有同化的特征,接触到陌生的信息,他会下意识地将其归纳到自己已知的信息中,继而同化这一信息。

所以,虽然阿飞没有见过小羊,但他认识小狗。在他的认知里,小羊与小狗长得非常相似,可以归为一起。这样,小羊就成了他口中的"狗狗"。

若你的孩子也有这种特征,不要贸然判断他有信口开河的坏习惯。同化思维在儿童中非常常见,"指鹿为马""答非所问"的情况也是很正常的。父母只要加以纠正,拓展孩子的认知,给出新的信息就可以了。

Part.2 从同化到顺应,认知图式不断完善

"这是小羊,山羊。"爸爸说,"不是小狗。"

"可是它跟旺财一样呀,卷卷的、白色的毛。"阿飞扭头又仔细看了一眼小羊,"长得很像呀!"

阿飞说的"旺财",是邻居爷爷家养的一只白色贵宾犬。还别说,这只小羊真的像一只大号贵宾犬。

"你听听它的声音。"爸爸耐心地教导阿飞,"小狗是汪汪叫的,这只小羊是咩咩叫的。"

阿飞侧耳听了一会儿,小羊果然发出细弱的"咩咩"声。他这才有些明白地点点头,不再试图将小羊归类到狗狗身上。

爸爸觉得来对了地方,因为阿飞又认识了一种新的动物。

让孩子接受外界的新信息,会调动他的已有认知,试图将

新的信息整理归纳在既有的认知类别里,这就是同化。但有时候,也会出现阿飞这样的情况,新的信息不能用原有的认知图式来消化,就需要顺其自然来改变自己的认知图式,将新的信息类别整合进去。

孩子不断进行同化和顺应的过程,认知结构构建得越来越复杂和完善。所以,观察到孩子"说胡话"时请不要忽视,孩子可能并不是在开玩笑,而是他正在试图理解消化新信息,只是选取的方式可能不太对。必要时,家长要给孩子解答,帮助他完成信息的整合,对其认知体系的构建有帮助。

Part.3 日常活动给予刺激,平衡认知发展

根据皮亚杰的这一理论,孩子的认知图式时刻处于动态的平衡之中:一旦接收了外界的刺激信息,首先尝试着将信息同化;如果同化失败,就顺应认知,重建知识结构,最终再回到稳定的状态。

平衡,成为皮亚杰认知理论中另一个重要的过程。孩子的认知,就是在平衡—非平衡—再平衡的反复中不断被扩展的,所以,给予外界刺激并不是一件坏事。

怎么样才能从外界得到足够的刺激?对成年人来说,我们很难获取认知之外的刺激,因为绝大多数信息已经被归纳在自己的认知图式中。但对儿童而言,这就容易得多,此时的他像是一张白纸,对世界永远充满了好奇。

只要有丰富的日常生活，孩子就能从活动中获得刺激信息，逐渐完善自己的认知图式。日常生活，是孩子最熟悉的语言环境，他能从身边大量的已知信息中不断获得新鲜感，语言学习和认知构建反而会更高效。

▶ 挑战新环境，刺激认知结构循环

从皮亚杰的认知理论中，人们认识到认知结构和语言运用之间的关系。如果不能拓展孩子的认知，语言教育必然会受到认知上限的阻碍。这让家长不得不着眼于如何丰富孩子的日常生活，挑战新环境带来的影响，让孩子不断接触新鲜事物，实现刺激认知、重塑结构的良好循环。

这一模式，不仅符合皮亚杰的认知理论，也可以从其他儿童认知发展的研究者那里得到佐证。比如，作为研究儿童认知发展中重要学派的代表人物，斯腾伯格从信息加工的角度分析了孩子的思维模式。

基于斯腾伯格的观点，我们也很容易得出"在教育中，让孩子不断接触新环境非常重要"这样的结论。

Part. 1　"元成分"：让孩子具备制订计划的能力

斯腾伯格将人的认知结构划分为三种，又称"智力三元论"。首先是"元成分"，它在认知过程中的地位最重要，代表计划的制订和策略的选择，起着引导方向的作用。

当孩子年纪较小时，因为认知局限，很难自行规划行为或做计划——应该做什么、不能做什么，都是由家长设计好的，孩子只要进行具体的操作就可以了。

伴随着孩子年龄的增长，我们可以训练孩子增加其认知结构中的"元成分"。在这一过程中，父母的语言会起很大的作用，因为孩子不能独立制订计划，父母要用语言引导孩子感知和认识计划。

爸爸、妈妈准备周末带晶晶去新开的水上乐园游玩。对晶晶来说，水上乐园是非常新奇、刺激的活动，她就缠着爸爸，想提前知道水上乐园到底有什么好玩的。

爸爸不想告诉晶晶，好留到周末作为惊喜。妈妈却说："女儿这么想知道，你就告诉她吧，说不定晶晶也有自己想玩的项目呢！"

爸爸就耐心给晶晶讲了水上乐园适合小朋友玩的几个项目。晶晶听完之后，对水上漂流特别感兴趣，主动向爸爸提出："我们可以先去玩水上漂流吗？"

"水上漂流的位置比较远,我们可以先去玩别的项目。等到下午时专门玩水上漂流,那样你就可以玩个痛快了。"爸爸这样跟晶晶商量着。

晶晶点了点头,掰着手指头期待周末的到来,把自己想玩什么项目都安排好了。

当我们带孩子接触一个新环境,孩子一定会像晶晶一样产生新奇感。

新奇是探索与学习最好的动力,利用孩子的这种心态,我们可以提前告诉孩子一些简单的信息,让孩子做出自己的选择。如果孩子有明确的喜好,家长要尊重孩子的选择。这表明孩子在尝试安排自己的活动,也是自主制订计划、学会选择的开始。

引导孩子自行体会"做计划、收集信息、完成计划"的完整过程,不仅有助于孩子拓展认知,也能锻炼其获取信息的独立性,让孩子早早拥有独立学习的能力。

Part.2 "操作成分":具体的实施过程

在"元成分"的指挥下,认知的第二部分即"操作成分"就开始发挥作用了。

"操作成分"是具体的执行过程,在执行过程中,根据获取和处理信息的不同阶段,也可划分得更细致:首先,对刚获取的信息进行定义和理解,然后把不同的信息放在一起比较、整合,最后得出结论再做出相应的处理。

父母与孩子的语言交流是否顺利,大多来自于"操作成分"。我们引导孩子去理解这个世界,并做出相应的判断和应对,而孩子在学习和模仿中则建立了自己的思维模式。

周末到了,爸爸、妈妈带着晶晶准备去水上乐园,刚出门就觉得天气太热了。

妈妈说:"今天这么热,去水上乐园容易把皮肤晒伤了。"

爸爸却说:"天气热,去水上乐园游玩才会凉快。咱们忍一忍,等到了地方看看情况再说。"

晶晶听了爸爸、妈妈的话,也开始思考起来。她实在太想去玩水上漂流了,可是妈妈又传达了"容易晒伤"的信息,她在心里犹豫着、比较着——到底是去玩水上漂流好,还是在家里舒服地吹空调呢?可是爸爸又说水上乐园会比较凉快,该怎么办呢?

经过一番思考,晶晶有了结论:"就去玩水上漂流。"

"你不后悔?"妈妈确认道。

晶晶像煞有介事地点点头:"不后悔,我想去!"她觉得还是水上漂流比在家吹空调更有吸引力。

这段对话,表面上是父母和孩子之间的沟通,实际上则夹杂了孩子对一件事物的思考。

孩子通过对已知信息的判断，联系实际进行思考并给出了相应回答，就是认知结构中的"操作成分"。

有的孩子不像晶晶那样具备很强的主动思考能力，这就需要家长帮忙梳理孩子的思维。父母可以通过对话的方式跟孩子交流，以问答模式引导孩子一步一步思考，同样可以整合成完整的"操作成分"。

Part. 3　"知识获得成分"：获取和整合新信息

认知的第三部分是"知识获得成分"。前面两步结束之后，我们已经将事情做完，接下来就是整合获得的经验从中获取有关信息，充实与完善自己的认知结构，使整个流程闭环。

孩子在新的环境中，一定能获得较足的知识成分，所以，他每次应对新环境都能对认知结构进行信息补充。这三种成分相互依赖，又互相促进。

晶晶最终做出了自己的判断，决定去玩水上漂流。那天，她玩得很高兴，就像自己计划和期待的那样，体验了一次刺激的漂流活动，留下了难忘的回忆。

回家之后，晶晶也发现妈妈说得没错——毒辣的太阳果然把她晒伤了，脸颊感觉火辣辣的。

晶晶一边坐着让妈妈搽药膏，一边挨妈妈的训："记住了吗？下次这么晒、这么热，不要再去户外玩了。"

"我知道了,下次一定不去了。"这次游玩也给晶晶留下了教训,狠狠地让她长了一次记性。

这就是晶晶体验新环境之后,获得的生活常识信息。

孩子对世界的认识,是通过一次次重复这样的过程来建立的。每次,孩子都能从中获得有价值的信息,也许是正面的,也许是负面的,而这些信息共同构筑了孩子的认知体系,影响着孩子对事物的判断与态度。

▶ **专注场景下,聚焦主题的沟通**

大量调查表明,幼儿很难长时间集中注意力。一个 2~3 岁的孩子,一般可以维持超过 5 分钟的专注时间,而 3~4 岁的孩子可以将专注时间拉长到 10 分钟左右。可想而知,在一般情况下想让孩子保持长时间的专注,显然是不可能的。

所以,在日常生活中,我们尽量通过语言引导给孩子创造专注的机会。正确的语言引导和恰到好处介入对话的时机,可以帮助孩子延长专注时间,但很多家长是反其道而行之,经常在孩子的专注力锻炼上不小心拖了后腿。

Part.1　短期专注力很重要，不要轻易打断

既然孩子可以保持专注的时间非常短暂，是不是就意味着，这种短期专注并不重要？

很多家长在潜意识里是这样想的。

小东坐在客厅的沙发上看动画片，正看到精彩之处时，妈妈端着水果从厨房里走出来，招呼小东说："妈妈切了西瓜，快来吃。"

小东的眼睛艰难地从电视屏幕上挪开，先是愣了一下，然后才回答："哦，好的，我知道了。"他跑到妈妈身边拿了一块西瓜，一边看着动画片，一边吃起来。

这样的场景，在生活中实在太常见了。尤其是孩子的年纪比较小时，有些家长会认为，既然孩子当时没有在做什么有价值的事情，暂时打断他，也没有什么问题吧？

那我就要问了：为什么孩子在学习的时候，家长都要小心呵护他的专注，不愿意去打扰呢？

在部分家长看来，娱乐和学习是两种不同的行为。但对孩子来说，一个好的习惯是连贯的，娱乐时培养的好习惯很大程度上也能延续到学习上。也就是说，在玩耍和游戏的时候，能培养出孩子短期的专注，他在学习时也会更加专心。

所以，不要因为孩子的年纪小，集中注意力的时间短，大

多数时间是在玩耍,就忽视了他专注在做的事情。无论孩子是在看动画片还是玩玩具,都尽量给他提供一个单纯的环境,不要突然介入其中打断他的兴致。

只有短期专注得到呵护,才能让孩子培养出长期专注的能力。

Part.2　心流时间与被打断的负面影响

当沉溺于某种极为理想、期待的完美结果而在专注做某件事时,我们会忽略时间的流逝,并抗拒外界的任何侵扰,以极高的热情投身其中。这就是"心流状态"。

这一概念,是由积极心理学家米哈里提出来的。他一生都在钻研,到底是什么因素让人感到幸福和具备创造力,最终总结出心流的概念——做自己喜欢的事,全身心地沉浸会让人专注到忘我,同时感到幸福。

成年人对"心流状态"的体会更深,但孩子也能感受到这种状态——做自己喜欢的事情时,效率会变得很高,时间也会变得很快。这就是进入"心流状态"的表现。

另一方面,家长每一次的打断,就是在迫使孩子远离"心流状态"。"心流状态"是极端专注的表现,频繁地被打断,再继续做下去很难立刻恢复到之前的状态——有时,灵感被打断只是一瞬间的事,但花费十几分钟也找不回最初的感受。

所以,呵护孩子的专注力,就要求家长多观察少发言,寻找适合的话题切入点。在不适合的时候，不能随意打断孩子，要训练孩子的思维连贯性，让他的认知架构更为完整。

孩子的年纪越小，这方面表现得越弱，更需要家长创设专注的条件进行引导。

Part. 3 聚焦主题的沟通方式，可有效延长孩子的专注时间

接下来，就是父母语言发挥作用的时候了。最开始，家长可以陪伴着孩子，看他如何寻找自己的兴趣点并开始游戏。当孩子一个人也能玩得兴致勃勃时，家长只需从旁观看，不必过多指点点。

莉莉很喜欢画画，只要手里有画笔，她就能乖巧地坐在桌子前，描绘着脑海中的图像。

每次莉莉画画的时候，妈妈都会在旁边静静地观察和陪伴，从不会随意开口打断莉莉的专注力。

以前妈妈也想过，既然莉莉对画画感兴趣，应该有一肚子的话想说，自己是不是应该在旁边跟她交流一下，提出一些小问题呢？但试过两次之后，她就否定了这种想法。

"莉莉，你在画什么呀？"有一次，妈妈问。

莉莉趴在桌子上，用彩色蜡笔有模有样地画着小人，看起来她的注意力全在这上面，根本没有听到妈妈的问话。有时候

听到了，她也会迟疑地看着妈妈，好半天才把语言组织好，说："我画的是动物园里的城堡，妈妈带我去玩过。"

妈妈这才意识到，孩子不能一心二用，在专注画画的时候不应该跟她聊天——这既谈不上高质量的语言交流，也会影响孩子专注的思路。

但这并不意味着妈妈就没有机会跟莉莉聊天。孩子的专注时间有限，她很快就会觉得在做的事情有些枯燥乏味，表现出需要交流、陪伴的倾向。这时，父母可以跟孩子闲聊，把她的关注点引回到当前的事情上。

莉莉突然把自己画的画放到妈妈眼前，主动跟妈妈聊起天来："这是妈妈，这是爸爸，还有我。"她看着妈妈，迫切地想要得到回应，和刚才专注画画的样子全然不同。

妈妈知道莉莉的注意力开始松动了，正是自己切入谈话的好时机，就跟莉莉聊了起来：

"当时宝宝穿的是红裙子，你还记得妈妈穿的是什么颜色的衣服吗？"

"上面这个小圆球是什么，是太阳吗？"

"你能不能给这只小兔子画上长长的耳朵，就像上次在动物园我们看到的小兔子那样？"

……

妈妈的聊天内容只聚焦在一件事情上——上次游玩动物园所看到的，没有发散和扩展。这可以帮助莉莉凝聚她的关注

父母的语言

点,让她的思绪仍然围绕着画画进行。

同时,妈妈又提出了一些想法和建议,不仅可以跟莉莉愉快地交流,还能启发她产生创新思维。

莉莉开心地说:"行,我现在就画兔子的耳朵。"就像妈妈建议的那样,她又开心地对画作进行修改。

父母的语言既能打断孩子的专注力,也能延长孩子的专注力——可以说,结果都只在家长的一念之间。只有家长掌握准确的切入时机,采取正确的交流方式,才能让孩子的专注力培养和语言教育起到正面、积极的作用。

▶ 角色扮演能增强亲子交流的效果

丰富的日常活动,可以强化语言场景的作用。适当的游戏,能够刺激和加强亲子间的交流效果。

平时我们说的角色扮演,就是一种可以增强父母与孩子互动的方式。孩子在玩耍的过程中,通过扮演某个角色进行表达,构建一个更加成熟的语言世界,思维也可以在互动中变得更加清晰。

在这样一个游戏中,父母的引导是必不可少的。

/第六章/ 用日常活动来强化语言场景

与单纯玩耍的孩子相比,父母在角色扮演中的身份并不单纯,既要陪伴孩子专心地"玩",又要起到强化引导、刺激语言表达的作用。

Part. 1　有意识地引导,让孩子更好地扮演角色

孩子为什么喜欢角色扮演?很简单,因为好玩!

角色扮演兼顾故事性和趣味性,非常适合低年龄段的孩子。孩子在年纪小的时候,对自我和他人、现实和幻想之间的区分没有那么严格,经常出现把故事中发生的事当成现实生活的情况。

这种思维,让孩子对角色扮演保持着巨大的好奇心——通过角色扮演,孩子可以逐步分清自我和他人,建立清晰的主客观意识。

角色扮演,也是模仿的重要途径。

小雨今年4岁了,他非常喜欢听爸爸、妈妈讲故事,也喜欢自己编故事、玩角色扮演游戏。在小雨的故事里,一切都是天马行空的,蜘蛛侠可以和熊大、熊二一起拯救世界,任何常人觉得不可思议的事都有可能发生。

"小兔子搬不动胡萝卜,就叫它的好朋友公牛先生一起来帮忙。"小雨手舞足蹈地跟爸爸讲述着故事,"它们拉来一辆车,把胡萝卜都放了上去。"

父母的语言

"小兔子怎么还有车呢?是什么样的车呀?"爸爸问道。

小雨想了想,说:"就是那种大卡车,能放很多东西的那种。"

爸爸立刻明白了。这是下午的时候,小雨在小区门口看到别人搬家,发现搬家货车里可以放很多东西,就立刻用在了自己的故事里。

除了运用日常生活中看到的场景,小雨还会模仿在动画片中看到的场景或妈妈讲故事中听到的场景。

"小兔子躲在家里,无论外面的大灰狼怎么敲门也不开。"接下来,小雨描述的剧情,就是妈妈前几天给他讲过的"三只小猪"故事情节。

角色扮演本身就是模仿的过程,孩子通过模仿来强化外界获得的信息,哪怕他的语言能力有限也会去模仿。

这时候,千万别觉得孩子缺乏创造力,更不要用"这不就是妈妈给你讲过的故事"或"这是动画片里演过的剧情"之类的话打击孩子的积极性。

小雨的爸爸就做得很好。虽然他已经猜到了孩子接下来要讲的故事情节走向,但还是兴致勃勃地听着,甚至主动说:"来,我来扮演大灰狼,你教我应该怎么做。"

小雨听了非常开心,拉着爸爸站在他指定的位置,还给爸爸示范要做的动作,自信满满,就像一个小导演。

角色扮演中,父母应该积极加入其中,甚至可以主动扮演其中的一个角色,这样就可以跟孩子进行互动。父母在关键时刻的点拨和引导,可以帮助孩子将扮演的角色设置得更加复杂,也能促进孩子进行深层次的思考。

"接下来,会发生什么事情呢?"

"如果是这样做的话,结果会怎样呢?"

"除了这种情况,你还能想到其他办法吗?"

亲子对话不仅可以激发孩子的表演热情,还能让他学会最重要的一点,那就是创造力。

Part. 2 利用经典童话,吸引孩子的注意力

经典童话新编,在儿童剧领域是一个很火热的题材。一方面,经典童话具有很强的影响力,不必强迫孩子阅读就能让他喜爱上;另一方面,新编故事很容易引起孩子的兴趣,也能发挥他的想象力与创造力。

家长可以利用经典童话与孩子排演一出新编剧,相信孩子听到这儿,都会非常积极地参与进来。因为家长利用了孩子对原本童话的熟悉和喜爱,在这个基础上,可以展开丰富的想象来构建新剧情。

"白雪公主在森林里走啊走啊,身后跟着七个小矮人,然后遇见了……"孩子可以非常流畅地构建这样的场景,因为他很熟悉"白雪公主""小矮人",只需去思考新剧情的可能性,不需要接触和学习陌生的故事背景,这能给他很大的

想象空间和自信心。

同时，经典童话中的角色关系比较简单，这是为了让孩子能够理解一个家庭成员就足以应对这部剧情。这样，我们不仅能跟孩子进行更加深入、复杂的亲子交流，让彼此都开心起来，也能在游戏中加强对孩子的社交教育。

Part.3 多创造与人交流的角色扮演环境

角色扮演最好建立在双方交流的基础之上，如果让孩子扮演沉默的思考者，只能说是不负责任的家庭教育，是在哄骗孩子"乖一点儿"，并不能让孩子真正从中获得成长。

"你的故事里，有哪些角色呢？"

"这些角色都做了什么事情呀？"

"为什么那个猎人会这么做？"

"做完这件事以后，猎人得到了什么呢？"

……

在孩子进行角色扮演或编写故事时，家长其实可以从中获得很多信息，进而提出相关问题。孩子的思维经常天马行空难以捉摸，家长不可能时刻都能弄清他在想什么，产生疑惑正是提问的好契机，也是交流的好机会。

在创造与孩子交流的角色扮演环境时，家长要多注意自己的引导态度。

首先，不要过多干涉孩子自己设计的游戏内容。可能家长觉得，这样的干涉会更好地引导孩子怎么去做，但对孩子而言，角色扮演有趣的地方就在于沉浸在自己的想象中。如果父母在角色扮演中逐渐起到主导作用，孩子的参与感可能会下降，最后导致没有了扮演兴趣。

其次，多提一些能发散孩子思维的问题，少做一些讨论性质的表达。简单来说，可以归结为多提问题、少做陈述，这样能给孩子接话的机会，让他继续把故事延伸下去。还可以让孩子自己设计对话，以此锻炼他的思维能力。

最后，在角色扮演中，可以让孩子学会多观察。比如，通过观察父母如何使用肢体语言来表现角色的情绪，这能让孩子更加了解自己所扮演的角色，更好地进入角色中。

总之，家长要做好一切配合，给孩子创设一个可以交流的角色扮演环境。这样，孩子才能从场景活动中丰富自己的所知所学。

▶ **观察不平凡的一天**

语言是思想的媒介，如果在日常生活中我们跟孩子无话可说，可能就是语言场景提供的信息非常薄弱，无法刺激孩子的大脑获取和处理信息。

创造丰富的语言场景，是解决这个问题的一种办法；在原有的场景中改变孩子获取信息的方式，则是另一种办法。

Part. 1　正念疗法：感受生活让人放松

即便简单的生活，对孩子来说也是不平凡的。以成年人的视角来看待一件事物，可能会忽略很多信息；对孩子而言，只要想感受生活，他不仅可以用眼睛去看，还可以通过触摸、嗅闻或聆听等手段来扩大对生活的立体认知。

正念疗法，就是通过加强自身对当下生活的体悟，而进行精神放松的一种方法。

当我刻意去体会这种方法时，意外发现生活中有那么多的细节都被人们忽略了。所以，父母完全可以从这些小处着手，引导孩子体会和观察这个世界。

正念疗法鼓励我们感知身体的健康状况、情绪的好与坏、所处环境的影响，就连一日三餐都可以成为感知、体察的对象。

"快来吃饭啰！"妈妈端出美味的炖排骨、蔬菜汤，招呼小飞吃饭，"你闻闻，香不香？"

小飞凑过来，趴在餐桌边陶醉地吸着空气中的气味："好香啊，这炖排骨的味道真香！"

妈妈也闻了闻，笑着说出自己的看法："这个香气热乎乎的，闻起来不仅有排骨的肉香味，还有香料的味道，闻着真有食欲。"

"妈妈，都有哪些香料呀？"小飞使劲抽了抽鼻子，"这都是排骨味，我怎么闻不出来其他味道？"

妈妈拉开厨房的抽屉，从里面拿出分别装有花椒、大料、香叶等几个瓶子，向小飞展示着不同形状、用途的香料。

"是不是觉得很有意思？这些香料和肉肉一起煮，才会有这么香的味道。"妈妈鼓励小飞对那些香料都闻一下，甚至让他用舌头去舔舔某些香料。

小飞舔了一下花椒，辛辣得直皱眉头，但他觉得更神奇了："这些香料这么难吃，居然能煮出这么好吃的排骨！"

对孩子来说，生活处处都有惊喜，处处都有他不知道的细节。即使"米饭是怎么做的"这样简单的问题，也可以让孩子亲自体悟并接收很多信息。

体会生活，不仅能促进孩子主动跟父母交流，也能让孩子产生深入的思考。平凡的日常生活，更能给孩子创设轻松的交流场景，增添许多乐趣，让他的精神不会过于亢奋或低落。

等到开始吃饭时，妈妈又告诉小飞："你咀嚼得慢一点儿，感受一下肉的口感。"

"今天做的菜，味道好不好？你最喜欢哪道菜？"

"你觉得这道青菜炒得怎么样？跟以前比，有什么不同的味道？"

引导孩子专注体会咀嚼食物的过程,感受美食的味道、颜色、口感,让他意识到每一餐饭对生活的重要性。

孩子专注于用餐,感受美食,也是对生活的一种观察。

Part. 2　引导孩子总结观察对象的特点

平凡的一天之所以不平凡,是因为孩子能从观察中获得很多信息。但是,仅仅只是感受还不够,我们要让孩子在感受之后能产生自己的思考,总结观察对象的特点很重要。

阳台上,爸爸养的很多盆花盛开了,有的花瓣有许多层,有的花苞个头很大,五颜六色,铺满了阳台的整个空间,别提有多好看了。

一大早,妞妞就跟着爸爸到阳台上浇花,非常兴奋地喊起来:"爸爸快看,这盆花开了!哎呀,那盆花也开了,昨天还没有呢!"

"这些花是不是很香呀?"爸爸问。

妞妞重重地点头:"香!"

"那你猜猜,这里面哪种花最香?"

这可把妞妞难倒了:"嗯……我觉得都是一样的香。"

爸爸笑着摇摇头,鼓励妞妞把每朵花都闻一闻:"你去感受一下,就知道哪朵花最香了。"

妞妞认真地闻了闻每一种花,最后指着一盆小白花说:

"这朵花最香。"

"这是茉莉花。"爸爸把小白花的名字告诉妞妞,"没错,它是这些花里面最香的。"

妞妞被爸爸的话吸引住,激发了想进一步了解的兴趣——既然有最香的花,是不是也有开得最红、长得最大的花?为什么有的花很有层次感,一层一层的,而有的花却只有一层?

妞妞掰着手指头,把她看到的每种花的特点都说了出来。同时,爸爸适时引导,让她观察花朵其他更多有意思的特点。

"好棒呀,现在我才真正认识了这些花呢!"很多以前忽视的细节,现在被妞妞发现了,她高兴地说,"以后我再也不会忘记了。"

其他家长可以像妞妞爸一样通过提问的方式,在语言场景中让孩子观察和表达:一方面,锻炼孩子通过提炼信息、整合表达的过程,提高孩子的语言表达与运用能力;另一方面,通过了解和分析不同事物的特点,让孩子更清楚地认识某个事物。

Part. 3 家长要学会引导,让观察从整体到细节

像妞妞爸这样做,就是在交流中不断引导孩子转移关注点。

一开始,妞妞只观察到了整体的信息——花开了,闻起来很香。

父母的语言

通过提问，爸爸让妞妞开始注意不同种类花朵的香气，这样就将观察点一下子从整体落到细节。得出结论后，妞妞通过举一反三，又对其他细节进行观察，如花瓣的层数、花苞的大小等。

孩子将注意力落在不同的地方，其观察得出的结果是不一样的。父母的语言力量，体现在对孩子注意力的引导上，这就要求父母培养孩子正确、仔细观察生活的好习惯，有序地从整体到细节上对事物进行认知。

当孩子掌握了观察生活和表达感悟的技巧，再平凡的细节也会变得不一样，他会一直保持对生活的好奇心，体会到生活的美好。

第七章
态度决定语言,语言影响成长

说话周到比雄辩好,措辞适当比恭维好。

——培 根

▶ "场独立性"与"场依存性"

父母的不同态度会影响孩子的语言模式，而父母不同的语言引导又会影响孩子的成长。这就塑造了孩子的不同个性，最终来自个性的回馈又会再次影响家长的情绪与态度。这些因素无法独立存在，彼此之间互相影响。

接下来，我会关注家长应该使用怎样的语言去对待不同性格的孩子。这里引入了一个新的概念，那就是孩子性格中的"场独立性"和"场依存性"。

Part. 1　"场独立性"：不容易受到外界影响

美国心理学家维特金在研究人类知觉的时候，提出了这一概念——通过复杂图形的镶嵌实验，可以判断一个人性格中对于"场独立性"和"场依存性"的偏好。

"场独立性"，是指我们感知世界时更多地依赖自己的内心，可以将外在信息进行内化，凭借自己的知觉进行分析。这样做出的判断，更多地取决于自己内心的想法，可以很好地跟背景因素分离开。这就是"场独立性"人格的特点。

孩子的"场独立性"可能并不稳定,幼年时更容易受到周边个体和环境因素的影响。随着孩子逐渐长大,其独立人格迅速发展,就会更多地参考自己内心的想法。在这个过程中,父母的语言可以引导孩子朝着不同的方向思考,在交流的点滴中塑造孩子的个性。

一到下雨天的时候,圆圆就闹着不想去幼儿园。妈妈问她:"那下雨的时候,妈妈是不是也可以不用工作了?"

圆圆知道妈妈的意思,但还是想要赖:"可以呀,妈妈可以不去工作。"

"那今天下雨了,妈妈的心情不好,就不做早饭了。"

"不要啊,妈妈,我会饿死的。"圆圆夸张地倒在床上,"现在我的肚子就已经饿得咕咕叫了。"

"下雨天不能影响妈妈做饭,那圆圆为什么不想去幼儿园呢?"妈妈摸了摸圆圆的头,说,"下雨的时候,是有小朋友不跟你玩儿了吗?"

圆圆摇摇小脑袋:"不是。"

"既然这样,你去幼儿园还是可以跟小朋友一起玩的,下不下雨都不会影响到你啊,为什么要不开心呢?"妈妈开始引导圆圆的抵触情绪。

圆圆说:"我还是不喜欢下雨,但是妈妈说得也没错。"

儿童的某些行为,受到儿童自身的情绪影响很大,而且他很难分清情绪是针对某件事产生的,不是针对所有的事——这导致了孩子的行为模式非常容易受到环境的影响。

"场独立性"强的孩子,可以将环境因素与自身因素分离开。你可以像圆圆妈一样,对孩子的情绪进行引导和疏解,让环境因素的影响降到最低。

培养孩子的"场独立性",对形成孩子独立思考和独立完成任务的能力很有帮助。"场独立性"强的孩子不容易受到暗示,可以排除环境干扰,细心分析复杂情境下的关键问题。具备此条件的孩子,处理问题时可能会更加敏锐。

Part. 2 "场依存性":擅长对周围信息做出反馈

有人说,"场依存性"就是不独立的表现。甚至有研究者还认为,父母相对强势的家庭里,培养出来的孩子更具有"场依存性",容易对环境产生依赖感,不够自立和灵活。这是否意味着,孩子性格中的"场依存性"必须完全要抛弃呢?

人的认知,往往是"场独立性"和"场依存性"的结合,只是哪一方的强弱问题而已。在社交范围内,"场依存性"能给孩子带来更多好处。

悦悦的情绪很容易受到环境的影响,比如天气不好都会让她产生坏脾气。但也意味着她是一个非常敏感的孩子,特别容易接收到环境的信号并给出反馈。

"李老师今天上课打喷嚏了。"

"小胖爸爸昨天接他的时候还带了零食。"

"妈妈,你来接我迟到了,是不是有事忘记了?"

悦悦很善于观察生活,可以迅速捕捉到身边每个人的反应细节。在孩童阶段,这种意识能让孩子收集到更多的生活信息,而年龄渐长后,他则会对信息产生自己的处理方式,然后再从环境中获得更多细节,思考也会更周全。

比如说到李老师上课打喷嚏,悦悦就有自己的思考和结论:"是因为昨天下雨,李老师受凉感冒了。"

"你为什么会这么觉得呢?"妈妈很意外悦悦居然能做出这样准确的推断。

悦悦非常自信地说:"因为今天我们班上有好几个小朋友都没有来,老师说他们感冒请假了。我上次感冒的时候,就打了好多喷嚏。"

悦悦的思维逻辑是,很多小朋友因为这场雨而感冒,李老师也有可能是这样;再回忆自己感冒的时候会打喷嚏,这种推断就更有可能发生。

具有"场依存性"的孩子,更乐于观察生活中的信息,并且做出积极的反馈。一个偏于"场独立性"的孩子就不会像悦悦一样,他会大概率地忽略这些细节,更不要说能够推断得出老师可能感冒了这个结论。

悦悦还特别担心李老师,对妈妈说:"我明天给李老师带

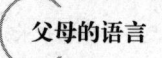

一颗糖吧,吃了糖,病就好了。"

具有"场依存性"的孩子就是这样,似乎天生具有社交能力,既容易受到环境的影响,也容易给予环境积极的回馈。所以,在交朋友时,"场依存性"强的孩子往往更受欢迎。

场独立不等于性格独立,场依存也不是敏感多思的代表。这种认知倾向只是我们性格的一部分,代表我们处理信息时的思考模式与倾向。

没有人是完全拥有"场独立性"或"场依存性"的,我们的认知习惯介于二者之间,只是每个人的偏重点不同。掌握了孩子的认知偏好,可以帮助家长使用不同的语言模式进行引导,有助于孩子以后的良性发展。

▶ 认知方式决定语言模式

孩子的认知习惯不同,决定家长使用的语言模式也不同。古人向我们展现了因材施教的方案,讲明不同的孩子不能套用同一教育逻辑。因此,发挥语言力量的时候,家长要根据孩子的具体情况进行分析,适当调整教育方针才会发挥出效果。

如果把家长的语言引导也当作背景环境的一部分,我们很容易理解孩子的认知方式和语言模式之间的关系。至少"场依存性"强的孩子,对家长的语言反馈会比"场独立性"的孩子更加明显,因为他在意周围环境的信息,也更在意父母的看法和反应。

此外,我们的语言模式还应进行哪些调整呢?

Part. 1　不要用奖励模式应对"场独立性"强的孩子

很多家长为了刺激和鼓励孩子做某件事,会跟孩子做出类似"如果你达到了什么目标,我就给予你什么奖励"的约定。这种模式在短期内可以鼓励到孩子,能起到非常好的效果,但所有孩子都期待来自父母的奖励吗?

菲菲的自尊心特别强,也特别自信,这体现在很多方面。

第一次去英语培训班上课,虽然菲菲是新来的学生,但是跟老师做游戏的时候,她表现得最积极;遇到困难时,有的孩子会产生退缩心态,菲菲永远都是乐于尝试的心态;"你真棒!"这样的夸赞经常在父母或老师口中出现,进一步增强了菲菲的自我肯定倾向。

这几天,妈妈带菲菲去学滑冰。滑冰场上,有的孩子表现很勇敢,有的孩子却闹着要走。妈妈问了一下周围的家长,发现这是普遍现象。

"真的学起来哪有那么好玩啊!我的孩子就是,不学的时候天天吵着要来，现在学会了，催着都不来了。"一位家长抱怨说，"你可得让孩子有心理准备，学滑冰跟学其他特长一样，都得吃苦。"

妈妈担心菲菲坚持不下来，就想了个主意，对菲菲说："要是你能坚持下来，妈妈每次都带你去吃哈根达斯。"

菲菲特别喜欢吃冰激凌，听了这话很开心。

妈妈看到这种奖励模式初见成效，于是，每次菲菲去学滑冰时都会强调："好好学，不然你的哈根达斯可就没有了。"这种情况出现两三次后，菲菲对滑冰的热情突然就消退了。

妈妈很疑惑，问道："你不喜欢滑冰了吗？"

菲菲摇摇头，小声说："妈妈，你老说冰激凌吃不上了，我听后烦死了，哪儿还有心情学滑冰。"

"场独立性"强的孩子更在意自己内心的想法，也信任自己的判断，说明他具有更强的自尊心和自我认同感。在这种情况下，家长多夸赞孩子，给予他肯定就够了。

如果过于强调奖励模式，孩子感觉自己的主动性没有得到认可，他会产生"家长觉得我是为了奖励才去做"的沮丧情绪。所以，奖励模式弱化了孩子自身的存在感，强调了奖惩制度的作用。

家长需要调整自己的语言模式，对"场独立性"强的孩子不要过分强调奖励约定，也不要过于依赖外界刺激产生的影响，要多肯定孩子自身的努力。

Part.2　积极的评价体系，"场依存性"强的孩子反应明显

根据相关调查，"场依存性"强的孩子对外在评价的反应更加明显——当他期待外界的评价时，多个方面的表现能力都会得到不同程度的增长。而"场独立性"强的孩子则不太在乎，相关能力并没有明显变化。

这证实了评价体系对"场依存性"孩子的作用。父母应该在语言表达中多给予孩子积极评价，提供正面的反馈信息。

"爸爸，你觉得我做得对吗？"——"你做得太棒了！"

"妈妈，我穿这条裙子好看吗？"——"宝贝，很漂亮啊！"

"老师夸我在课堂上表现好，还给我贴了一朵小红花。"——"好，让妈妈亲一下，继续努力哦！"

具有"场依存性"的孩子，口中经常出现他人角色，很在意他人对自己的评价；需要做判断的时候，他也会下意识地征求他人的意见。而父母要做的，就是积极回应。

"你做得很好，你这样做是对的。"这样肯定的话，看似只是随口一说，却能帮助"场依存性"强的孩子建立自信，因为他的自我认知构建主要依赖外界反馈的信息。如果家长总是说"你这样做不好""你的手工做得很普通""你做不到"，这些词汇就会潜移默化地影响孩子对自己的认知。

对负面反馈，不同认知的孩子的处理方式不同。

"场独立性"强的孩子会说："我说的肯定是对的，你说的是错的。""我才不管下不下雨呢，我就要出去玩！""场

依存性"强的孩子则会自我怀疑:"妈妈说的是真的吗?我真的很差吗?""可能就像爸爸说的一样,我很差劲。"

所以,家长一定要注意跟"场依存性"孩子的沟通方式,多用积极评价,给孩子建立正反馈机制。

▶ 语言对于控制情绪的作用

父母的语言影响,还体现在对孩子情绪问题的处理上。很多家长认为,孩子对情绪的消化不需要专门教导,孩子自己就能逐渐体会。实际上,远不是这样的。

大量案例证明,孩子受情绪的影响很大,他的年龄越小,越不能正确消化情绪带来的影响。如果小时候建立的情绪消化机制有问题,长大后,他也很难以健康的方式对待和处理自己的情绪。

教会孩子控制自己的情绪,需要家长言语上的引导和精神上的关注。

Part. 1 **让孩子认识和分辨不同的情绪**

暑假里的一个周末,妈妈带小敏去姥姥家做客,正好小敏的舅舅也在。

舅舅先到的,不小心把姥姥精心制作留给小敏的水果蛋糕吃了。小敏早就知道有蛋糕吃,可找了半天没有找到蛋糕,就问舅舅看见没有,舅舅骗她说没有看见。等到小敏急得快哭了,舅舅才告诉她真相。

一开始,小敏以为舅舅只是开玩笑,最后发现是真的,一下子伤心了,喊出一句:"我恨死你了,恨你!"

舅舅也有点儿后悔骗了孩子,就问她:"就这么点儿小事,你真的恨我啊?"

小敏使劲点头,这下真的让舅舅更加不好意思了。

妈妈觉得小敏的话有些不对劲,就问小敏:"你知道'恨'是什么意思吗?"

小敏有些迟疑地说:"我看到电视剧里的人不高兴时,他们就说'我恨你'。"

妈妈和舅舅这才明白,小敏只是想表达自己的不开心,并不是想用"恨"这么激烈的字眼。于是,妈妈纠正小敏说:"'恨'代表的意义不一样,你应该说'我生气了''我不高兴了',或者说'我不喜欢你了'。"

幼儿阶段的孩子,对情绪的把握能力不强。上幼儿园之前,孩子的日常生活较为平淡,所以他感受到的情绪比较单一,对一些典型情绪虽然有认识,但对较为复杂的情绪就没有多少体验的机会。

最开始,孩子可能只会区分出"高兴"和"不高兴"两种情绪。随着年龄的增长,他能逐渐开始区分正面、负面情绪之间的细节,认识更多的情绪且知道这些情绪都是因何产生的。但是,他对复杂情绪的感受还是缺乏一定的认识。

比如,父母惹孩子生气了,孩子会产生"虽然我生气了,但也尊敬、爱对方"的情绪,这种情绪就是复杂的,孩子只能分辨出一种。此时,我们需要不断提高孩子对情绪的认识,多让孩子体会情绪对他自己的影响。慢慢地,他就会认识更多的情绪,开始了解自己了。

Part. 2 "五步走"处理负面情绪

因为舅舅吃了属于自己的蛋糕,小敏有些不开心。虽然舅舅诚恳地道歉了,还给小敏买了一个更大的蛋糕,也保证以后再也不捉弄她了。小敏还是不高兴。

妈妈并没有说"小敏,你怎么这么不懂事"之类的话,因为她知道孩子还小很难控制情绪,而且孩子也有表达情绪的自由。于是,妈妈选择了"情绪五步法",一点一点诱导孩子走出负面情绪。

"现在,你是不是感到不开心……"妈妈问。

小敏诚实地点点头:"是的。"

这是第一步,让孩子认识到自己现在的情绪状态。

"要不，妈妈带你出去玩会儿吧。姥姥家的院子里种了很多漂亮的花，后山上还养了一群小羊。"妈妈接着说道。

小敏摇摇头，拒绝了妈妈的提议。

这是第二步，通过转移注意力等方式帮助孩子平复情绪。还有其他类似措施，如让孩子深呼吸半分钟到一分钟，然后闭眼冥想，可以快速从各种剧烈的情绪中平静下来；或者让孩子喝一杯温水，通过喝水的行为转移注意力，同时缓解紧张、愤怒等情绪。

"那你知道自己为什么不开心吗？只是因为舅舅吃了你的蛋糕？"妈妈又问道。

这是第三步，帮助孩子找到产生情绪的来源。我们不能只看问题的表象，表面上发生的事件不一定是引发孩子情绪的原因，而孩子沉浸在激烈的情绪中一时难以表达清楚，就需要家长来引导和分析。通过语言的沟通交流，真正明白孩子的所思所想，才能从根源上探究问题能否得到彻底解决。

"因为舅舅骗了我。"小敏想了想，这样说。

妈妈立刻明白了，小敏并不是心疼姥姥留给她的蛋糕被舅舅吃了，只是觉得被舅舅骗了——对方辜负了自己的信任，所以感到非常生气。

找到了问题的根源之后，就可以进入第四步，那就是通过具体方案让孩子解决情绪问题。

"那就是舅舅做错了。你可以把自己生气的原因告诉舅舅，看看他怎么回答。"妈妈鼓励小敏自己去跟舅舅沟通。

小敏找到舅舅说了这件事。舅舅听了之后，立刻给小敏道歉："对不起，舅舅不应该吃你的蛋糕，更不应该骗你，以后舅舅不会这样做了。"这下，小敏总算高兴起来了。

妈妈则鼓励她："你做得很好！你看，只要找到好的解决方法，没有解决不了的问题。"这就是第五步：通过家长的肯定，强化孩子对正确处理负面情绪的认识。

这样，孩子以后因各种问题再出现情绪波动时，就会慢慢习惯于思考如何解决问题，而不是被情绪所困扰。

▶ 语言的社会化训练

语言学家这样定义语言的社会化进程——人通过社会中的经历，学到语言内容、使用方式及其他文化知识的过程。

语言的诞生就是为了使用，供人交流，只要我们身处社会之中，终身都要经历语言的社会化过程。

开启孩子的社会化语言，他将被引入一些只有在集体、社会中才会接触和学习的概念体系，这些体系又与不同社会风俗、文化密切相关。因此，语言社会化不以家庭为单位，甚至从表面上来看,是孩子脱离家庭后才能发展的。

那么,父母能为孩子做些什么呢?

Part. 1　认同感:社会化语言的共同土壤

陈谷是 80 后,儿子萌萌在上幼儿园大班。他常常感慨,两代人的童年简直截然不同。

在陈谷家里的书房,有一个玻璃柜专门用于摆放各种玩具模型,那里面都是他小时候喜欢的动画片人物模型:铁臂阿童木、大力水手、奥特曼、机器猫、米老鼠……

"我的童年,是夏天吹着风扇吃冰棍,在家里用小电视看动画片。"陈谷这样跟萌萌介绍自己的童年,"那时候,电视机只有现在普通的电脑显示屏这么大。"

"那能看得清楚吗?"萌萌觉得不可思议,"老师说了,看电视要离得远一些。你小时候看的电视屏幕那么小,看起来多不舒服呀!"

"要不爸爸现在戴上眼镜了呢!"陈谷开玩笑地说,"一定是小时候看电视太多了,把眼睛看坏了。"

陈谷想让儿子明白看动画片的时间太久对眼睛不好,没想到萌萌摇头晃脑地说:"还好我不喜欢看电视,我用 iPad 看动画片就行了。"

陈谷被萌萌气笑了:"你用 iPad 看,屏幕也是那么小,就不怕把眼睛看坏了?"

父母的语言

现代孩子的童年，跟父辈的童年差别可大了。萌萌不懂得看小电视是什么感受，也无法想象夏天没有空调该怎么办："夏天，我就想躺在空调下面，哪里都不想去。"

但是很多70后、80后，对冰棍、风扇、小零食、黑白小电视机有着共同的印象。这让每一代年龄相似的人，都因为共同的回忆而对彼此产生认同感。

认同感，就是语言社会化后才能习得的概念。能调动认同感的场景词汇，每次出现时都会引发彼此的情感共鸣，进而开启某个话题，或者拉近彼此的关系。

训练认同感的最好方式，就是让孩子和同龄人处于相似的生活状态。同样的语言环境、同样的生活，必然会让孩子认识许多能引起别人认同感的词汇，产生跟其他孩子相通的情感。这样，孩子在步入集体生活时，他自然能找到跟其他小朋友的共同语言，聊天、社交也就顺理成章了。

及时送孩子去幼儿园，也是促进孩子对语言社会化的进程。在同龄人较多的环境中，孩子才能习得大量有认同感的词汇，接触和消化这些信息后，逐渐融入群体生活。

Part. 2　对社会角色的认识，让孩子具有羞愧意识

陈谷觉得萌萌开启语言的社会化进程非常迅速。

记得萌萌快2岁时，陈谷带他出门学游泳。半路上，萌萌

突然有点儿着急，拉着陈谷的衣服喊道："爸爸，尿尿！"

陈谷赶紧安抚孩子，掏出手机查看附近的厕所位置，发现最近的厕所在 200 米以外。他抱着萌萌哄道："等一下，再等一会儿，爸爸马上就抱你过去尿尿，乖！"

抱着萌萌跑到一半，陈谷就感觉身上有点儿不对劲，仔细一看，孩子忍不住尿了。

"嘿嘿。"小家伙还一脸得意地拍着手，只觉得尿完一身轻松，留下陈谷无奈地清理孩子的衣裤。

等萌萌到了 2 岁半时，情况就截然不同了。

"爸爸，我想尿尿。"萌萌会主动说出自己的需求，"我要上厕所！"

萌萌已经开始把生理需求和"上厕所"这个行为联系在一起，知道去了厕所才能尿尿。如果大人告诉他："你就在路边草丛尿尿吧，附近没有厕所。"孩子会感觉很犹豫、扭捏，甚至摇头说："不，我就要上厕所！"

这是孩子开始有了羞愧意识。

羞愧意识，在孩子有了自己的社会角色认知之后，才会逐渐凸显出来。

社会角色认知比较模糊的孩子，不清楚自己在群体中的位置，也不明白集体的概念，我行我素，只关心自己的想法。伴随着孩子对集体认识的加深，他会产生在集体生活中被他人注视的认知，当做出某些不符合常识的行为时，他就会觉得不好意思、紧张。

在孩子产生羞愧意识的阶段，家长与孩子的沟通可以更深入一些。这样不仅可以让孩子理解礼貌用语的存在意义，让他自己能正确地使用礼貌用语，还能理解与同龄人进行社交的基本规则，如"要跟小朋友打招呼""等别人说完话再开口""不跟小朋友吵架"……这些语言教育，在孩子有了社会角色认知之后马上要进行。

Part. 3　在语言社会化中理解、活用礼貌用语

礼貌用语，是语言社会化的一个典型表现。在家庭中，出现礼貌用语的概率最多，比如孩子帮忙拿筷子、递给父母纸巾，父母都要及时说一声"谢谢""宝宝真能干"。等孩子上了幼儿园后，礼貌用语主要是为了社交服务，所以要引导孩子在社交场合正确使用礼貌用语。

最开始，孩子对语言社会化的认知不足，只能在家长的引导下使用礼貌用语，却不能真正理解。

"阿姨给你让座了，你还不快谢谢阿姨？"

"你把小朋友的玩具弄坏了，要说对不起的。"

"认识这是谁吗？这是刘奶奶，快说刘奶奶好。"

……

这些都是父母在社交场合引导孩子接触礼貌用语。

不断重复后，孩子会记住这些场景下的对话，领会在哪些场景下应该使用怎样的礼貌用语，但也经常会出现误用的情况。比如，辰辰不小心弄坏了伙伴的小汽车，需要向对方道歉时，他犹豫了半天，却说了一句："谢谢。"

这是孩子懂得在场合里要使用礼貌用语，但不能根据具体情况进行活用。

家长要做的，就是多跟孩子进行这方面的练习，多带孩子出门交际，让他有运用礼貌用语的机会。只有多练习，才能产生深刻认识，让孩子知道如何运用礼貌用语。

语言的社会化训练具有长期性，就连我们大人也一直在学习，更别说还幼小的孩子了。同时，家长要将自己的经验传授给孩子，让他在社会交往中能够使用更得当的语言。

▶ 语言的力量能影响思维和人生观

父母的语言具有强大的力量，不仅能教孩子学习词语、理解新知识，还会优化孩子的思维模式和促进人生观的构建。

语言可以促进交流，交流能扩展信息并刺激人进行思考。所以，语言天赋开发较早的孩子，都会表现出思维敏捷、反应较快的"早慧"现象;而语言是在文化土壤上构建的,我们说话时就是在表达自己的观点和认知,也会影响孩子的世界观。

可见,父母的语言蕴藏着挖掘不尽的力量,这种力量能影响孩子的一生。

Part.1 优化孩子的思维模式

积极归因、举一反三、以小见大……这些思维,都可以在语言中传达出来。

当孩子有了积极归因的思维,会将生活中遭遇的事情朝着乐观、积极的方向去分析。比如下雨时,积极归因的孩子会说:"下雨了,农民伯伯种的麦子喝饱了水,小青蛙也可以游泳了。"消极归因的孩子则会觉得:"下雨了,晾在外面的被子淋湿了怎么办?"

孩子的这种思维模式,是从家长传达的语言信息中模仿学到的。如果你是一个有积极归因能力的人,在跟孩子交流时就会流露出这种倾向。而孩子为了理解你的语言逻辑,就会不断模仿、揣摩,最终建立类似的思路。

褚婷是一位数学教师,逻辑思维非常严密,特别擅长抓住一些微小的细节进行钻研。在生活中,她也时常表现出这个特点。

家里的电风扇不摇头了,褚婷本可以送去维修部门来处理，但她会先检查一下电风扇的内外情况，推测电风扇到底是因为什么原因坏的。如果能自己动手尝试着修理，她绝对会先自己动手处理。

跟孩子说话时，褚婷经常喜欢刨根问底。时间久了，孩子从褚婷的语言习惯中习得了这种思维，也喜欢问来问去。

吃完晚饭，看到褚婷在办公桌边忙碌，孩子跑过来问："妈妈，你在做什么呀？"

"我在工作呢！"

"为什么你在家里也要工作啊？"孩子想了想，又说，"爸爸在家里都不工作，只看手机。"

褚婷解释道："今天妈妈有件事没有处理完，必须现在做完，爸爸在公司都把工作做完了。"

"为什么爸爸在公司能做完工作，妈妈就没有做完呢？"孩子继续提出问题，并没有因为褚婷简单的回答而得到满足。

褚婷只好再跟孩子解释不同工作之间的差别和突发情况，还举了几个例子能让孩子明白。最后，孩子拍拍褚婷的胳膊，像大人一样安慰她："妈妈太可怜了，我知道了，你快工作吧！"

这种抓住一个问题就一定要弄明白的思维，其实是孩子从父母那里习得的。可见，父母的语言习惯可以影响孩子，也决定了他从外界获取信息的数量，最终作用于孩子的思维模式。

Part.2　智商、情商和逆商

父母的语言力量，不仅能影响孩子的智商、情商，还会影响孩子的逆商。

如果父母经常跟孩子交流，孩子就能接触到上千万的词汇，被词汇浸润着长大，对语言的认识和掌握也将比他人更加迅速。这样，孩子会说的话越多，他能从外界交换的信息就越多，知识面就越广。

孩子的认知能力表达于外，会从智商、情商或逆商等方面体现出来。逆商，是孩子处理挫折和逆境的能力。

丝丝的生活可以说是一帆风顺，之前没有遇到过什么挫折，第一次让她感到受挫是在舞蹈特长班上。

一天下课后，丝丝哭着对妈妈说："以后我再也不去上舞蹈课了。"

妈妈吓了一跳，急忙问："怎么回事，是有人欺负你了吗？有的话，你一定要告诉妈妈！"

丝丝伤心地说："是老师欺负我。老师今天夸了好几个小朋友，却没有夸我。"

原来，丝丝刚学舞蹈没有多久，有些小朋友已经学了好几个月，动作比她熟练，基本功也比她好。老师今天表扬了表现最好的孩子，没有提到丝丝的名字，这让她产生了挫败感。

妈妈这才松了口气，随即哭笑不得。丝丝以前没有经历过这种挫折，一直是家里长辈最疼爱的孩子，现在感受到这种差距，还真的不怪她一下子适应不了。

妈妈问丝丝："是不是也有别的小朋友没有被老师表扬啊？"丝丝点了点头，还是有些不服气地说："可是……可是我很认真跳舞了啊！"

"别的小朋友也一样认真跳舞了，不是吗？"

"……是的。"

妈妈赶紧给丝丝出主意："可能是老师今天没有看到你的表现这么好，等明天你再见到老师，好好地给老师展示一下自己。要是你再也不上舞蹈课，就见不到老师了，她还怎么表扬你呢？"

妈妈的这一番劝告，终于让丝丝转变了想法——要通过努力获得老师的表扬，而不是逃避上舞蹈课。

家长的语言能影响孩子的思维，让孩子顺着家长的思路去思考，之后再加以引导，不断强化。孩子就会记住这种思路，最终养成习惯，培养出属于自己的高情商、高逆商，甚至开发出高智商。

Part. 3　建立孩子正确的人生观

年幼的孩子，对于是非对错的观念很薄弱。

孩子习惯用声音来吸引家长的注意。比如，孩子还不会说话时，当他的身体或心情不舒服了，就会发出啊啊的声音让家长注意到他。

所以，在公共场合，孩子意识不到成年人约定俗成不能大声喧哗的规矩，只要想吸引到父母的注意，就会大声喊叫。

"孩子不懂事，家长别怪他。"总有人这么说。

这句话说得没有错，但是父母不能不懂事。孩子没有对错的概念，这就需要父母帮助孩子建立这种观念，对他的行为予以一定的约束，给他传达"什么能做""什么不能做"的意识。

"嘘——这是图书馆，大家都要安静地看书，不能喊叫影响他人。"妈妈看着大声喊叫的孩子，压低声音，表情严肃地说。她一边说着，一边还把手竖起来放在嘴边，做出"安静"的动作。

孩子对动作的场景化认知较为敏感，立刻知道这是妈妈让自己不要喊叫。当他发现自己每次在公共场合大喊时，妈妈都会摆出这个动作，他就会把这个指令跟场景联系起来，继而建立起基本的常识——不能在公共场合喊叫。

所以，积极的语言回馈可以帮助孩子建立正确的人生观。对此，家长要加以积极引导，因为家长的态度不仅会影响孩子的语言能力发展，也会影响他良好习惯的养成、对事物的认知及未来的健康发展。